# 愛情太感性，戀愛心理學

張曉文 —— 著

愛情三角形×演化心理學×依附理論，
戀愛其實是一種理性的衝動

# 目 錄

前言

## 第 1 章　吸引方程式

1.1　看臉的世界 …………………………………………………… 14

1.2　你這麼可愛，當好花瓶就夠了吧 …………………………… 18

1.3　地球上另外一個自己 ………………………………………… 22

1.4　世人那麼多，偏偏喜歡你 …………………………………… 27

1.5　拓展：你們是什麼關係 ……………………………………… 33

## 第 2 章　擇偶日記

2.1　女人愛財，男人好色 ………………………………………… 36

2.2　完美先生和差不多先生 ……………………………………… 40

2.3　防「渣男」指導手冊 ………………………………………… 44

2.4　是我一直太懂事 ……………………………………………… 49

2.5　拓展：自尊的測量 …………………………………………… 54

## 第 3 章　脫單說明書

3.1　世界孤單，需要一個同類 …………………………………… 58

3.2　脫單指導手冊 ………………………………………………… 62

3.3　你為什麼這麼孬 ……………………………………………… 66

3.4　為什麼開口的第一句話用幽默的方式不妥 ………………… 69

3.5　拓展：孤獨的測量 …………………………………………… 74

# 目錄

## 第 4 章　友誼和愛情

4.1 永不凋零的「塑膠姐妹花」⋯⋯⋯⋯⋯⋯⋯⋯⋯ 78

4.2 為何舊知己變不成老友⋯⋯⋯⋯⋯⋯⋯⋯⋯⋯⋯ 81

4.3 女人的友誼面對面，男人的友誼肩並肩⋯⋯⋯ 85

4.4 友情以上，戀人未滿⋯⋯⋯⋯⋯⋯⋯⋯⋯⋯⋯ 90

4.5 拓展：回憶一個我的異性好友⋯⋯⋯⋯⋯⋯⋯ 94

## 第 5 章　愛之初體驗

5.1 暗戀桃花源⋯⋯⋯⋯⋯⋯⋯⋯⋯⋯⋯⋯⋯⋯ 100

5.2 粉絲與偶像的愛情故事⋯⋯⋯⋯⋯⋯⋯⋯⋯ 104

5.3 你問我愛你有多深，「備胎」代表我的心⋯⋯ 107

5.4 請向另一個「孤島」打電話⋯⋯⋯⋯⋯⋯⋯ 112

5.5 拓展：潛意識分析─你隱藏自己的程度有多深 116

## 第 6 章　冰點與沸點

6.1 愛情來得太快，就像龍捲風⋯⋯⋯⋯⋯⋯⋯ 124

6.2 史坦伯格的愛情三角形⋯⋯⋯⋯⋯⋯⋯⋯⋯ 128

6.3 浪漫之愛的冰點與沸點⋯⋯⋯⋯⋯⋯⋯⋯⋯ 132

6.4 請給愛情一個期限⋯⋯⋯⋯⋯⋯⋯⋯⋯⋯⋯ 137

6.5 拓展：喜歡和愛情的測量⋯⋯⋯⋯⋯⋯⋯⋯ 141

## 第 7 章　愛情經濟學

7.1 論愛情合作有限公司的開業⋯⋯⋯⋯⋯⋯⋯ 146

7.2 論愛情合資有限公司的倒閉⋯⋯⋯⋯⋯⋯⋯ 150

7.3 論公司兩大股東的權力賽局⋯⋯⋯⋯⋯⋯⋯ 154

7.4 愛情銀行的不平等合約 ································· 159

7.5 拓展：親密關係中自尊的測量 ······················· 163

# 第 8 章　愛情學分課

8.1 誰決定了我們的愛情學分 ························· 166

8.2 只要一顆糖，別說愛情苦 ························· 171

8.3 一個人要像一支隊伍 ····························· 176

8.4 愛情是宿命還是成長 ····························· 180

8.5 拓展：成人依戀的測量 ························· 184

# 第 9 章　失戀症候群

9.1 失戀是一種病 ································· 188

9.2 得不到已失去，總是最登對 ····················· 193

9.3 我們都沒錯，只是不適合 ······················· 197

9.4 最熟悉的陌生人 ······························· 201

9.5 拓展：離婚的訊號 ····························· 205

# 第 10 章　愛人和敵人

10.1 相愛沒有那麼容易 ····························· 210

10.2 親密敵人 ····································· 215

10.3 別對我說謊 ··································· 221

10.4 背叛了還能原諒嗎 ····························· 225

10.5 拓展：你有成為背叛者的傾向嗎 ················· 230

# 參考閱讀

# 目錄

# 前言

## 5 塊錢買個男（女）朋友
### —— 親密關係的秘密

在我的課堂上有個遊戲超級受歡迎，叫做「5 塊錢買個男（女）朋友」。

對，5 塊錢，只要 5 塊錢，你就可以擁有一個心儀的對象。

心動了？遊戲開始。

如果妳是女性，妳要「買個」什麼樣的男朋友呢？

| 選項（括號裡為女人的心聲） |
| --- |
| 帥氣 —— 3 塊錢（好心動啊，有點貴啊） |
| 忠誠 —— 3 塊錢（這個是必須的！） |
| 富有 —— 3 塊錢（這個偷偷地也想要，但是別人會怎麼看我呢？） |
| 浪漫 —— 2 塊錢（哎喲，充滿期待呀！） |
| 幽默風趣 —— 1 塊錢（不錯不錯，划得來） |
| 聰明機智 —— 1 塊錢（不錯不錯，CP 值高） |
| 長得高 —— 1 塊錢（不錯不錯） |
| 身體健壯 —— 1 塊錢（誰喜歡病懨懨的啊） |

遊戲結果十分有趣，某些族群有著極其相似的答案，你不妨來猜猜看。

15 ～ 22 歲，正處於戀愛季節的少女，會把錢花在哪裡？

少女們豪爽地用 3 塊錢買「帥氣」！

哇，女性的自我意識覺醒了！女性不再把自己看成男性的附屬品。「你們男人不是喜歡年輕漂亮的女性嗎？叫我們『花瓶』，現在我們女人也翻身

了，我們也喜歡年輕帥氣的男生，叫你們『鮮肉』。」

冤冤相報何時了，我們要保護漂亮的花瓶和帥氣的小鮮肉，他們是人類共有的財富。

**心理學解讀**：戀愛都是以快樂為導向。人類在本質上都願意追求漂亮年輕的異性，女性的獨立讓女性勇於承認這一點。

女人「好色」一小步，男女平等一大步。

那麼，23 ～ 32 歲，處於擇偶階段的女性最捨得花錢的地方在哪呢？

她們毅然決然把最多的 3 塊錢用來買「忠誠」！

**心理學解讀**：根據「演化心理學」的理論範疇，女性在婚姻中的成本投入多，在生養子女上承擔的風險高，所以女人覺得自己的伴侶忠誠、可靠最重要，始於顏值，終於人品，忠誠是底線。

等到 33 ～ 45 歲，已經在婚姻中度過了漫長歲月的女人最捨得花錢的地方在哪裡？

她們更傾向選擇用最多的 3 塊錢買「富有」。

「貧賤夫妻百事哀」，奶粉、尿布、各種才藝班、上有老下有小。

她們覺得比起風花雪月，還是務實更重要。

她們通常一臉滄桑地感慨：中年最苦，每天睜開眼，沒有可以依靠的人，周圍全部都是想要依靠你的人。此時，若有足夠的金錢傍身，頓時安全感爆棚。

**心理學解讀**：雖然富有導致離婚率增高，但是貧窮對婚姻的損害更大。

那麼，46 ～ 65 歲的中老年女性呢？她們的 5 塊錢會花在哪裡？

這個族群居然異口同聲：我的 3 塊錢一定用來買「帥氣」！

他看起來老實，不代表他真的老實；他有錢，也不代表肯給你花。

相較而言，帥氣多麼實在，這個東西你享受了就是你的，無可取代。

**心理學解讀**：怪不得各種霸道總裁的偶像劇、鄉土劇最忠實的觀眾普遍是退休的中老年女性。奈何得不到，已失去，總是最珍貴。

中老年女性果然是「傳奇」，她們返璞歸真，領悟了人生的真諦。

那麼，如果你是男性，你想要一個什麼樣的女朋友呢？

| 選項（括號裡為男人的心聲） |
| --- |
| 漂亮 —— 3 塊錢（什麼？我的大腦還沒來得及思考，我的手已經自動購買了這項內容？） |
| 賢慧 —— 3 塊錢（這是個古老的詞吧，現在不敢奢望） |
| 性格好 —— 3 塊錢（這個很重要！） |
| 家庭富裕 —— 2 塊錢（這個有最好。） |
| 專一 —— 2 塊錢（很重要，再厲害的男人，也經不起「頭頂一綠」） |
| 豐滿 —— 1 塊錢（這個要偷偷地買） |
| 長腿 —— 1 塊錢（這個我當然想要啊！） |
| 聰明 —— 1 塊錢（當然啦，誰想和「傻子」一起生活啊！） |

當我們把男女結果對比來看，會發現非常有意思。

相較於女性自我意識的覺醒、進步，及其蓬勃發展的情況，男性依然簡單純樸得讓人嘆息。

無論哪個年齡層，花錢都要花在刀口上！

一半男性的 3 塊錢用來買「漂亮」，這個是鐫刻在基因中的本能追求。

如果外在不能吸引我，實在提不起興趣了解你的內在。

為什麼女性對顏值這麼焦慮，拚命要求自己「白瘦幼」？正是因為男性還沒有形成多樣化的審美觀。

 # 前言

　　一半男性的 3 塊錢買「個性好」，越來越多的男性發現，女人的心思本來就難以捉摸，如果個性不好，每天查手機、問行程，簡直是跟自己過不去。再好看，也得有命欣賞，不是嗎？

　　選「專一」的男性比想像中的多，看來男性果然有著永恆的擔憂和致命弱點 —— 「頭頂綠油油」。此處心理學專業詞彙登場 —— 父職角色的不確定性。

　　選「家庭富裕」的男性多半是成熟、情史豐富、對自己的人生有明確目標的一群人。在眾多年輕男性還處在對正妹流口水的階段時，他們更快地洞悉了人生的真相。

　　最後，出測驗題的人有個壞心思，你們發現了嗎？

　　妳只有 5 塊錢，所以，妳的男朋友不可能既帥氣又忠誠，妳的男朋友不可能既帥氣又富有，妳的男朋友也不可能既忠誠又富有。

　　你只有 5 塊錢，所以，你的女朋友不可能既漂亮又賢慧，你的女朋友不可能既漂亮又個性好，你的女朋友也不可能既個性好又賢慧。

　　僅僅一個小遊戲，居然蘊藏著親密關係中這麼多的祕密！

　　誰說愛情是世界上最難解的題目，所有愛情的真相早就藏在心理學裡了。

　　本書的理論基礎和研究數據基本來自羅蘭‧S‧米勒的著作《Intimate Relationships》，筆者只是盡可能做了在地化和通俗化的解讀，希望讀者在閱讀的時候不會感覺那麼「難啃」。心理學的世界充滿著美麗和奧妙，希望更多的讀者能感受到它的魅力。

　　正是由於有科學的心理學理論和研究打基礎，本書沒有愛情忠告，也少有愛情雞湯，更沒有對愛情的揣測和想像，一切都來自心理學的實驗發現、問題研究和科學解釋，這是一個更應該被廣為人知的理解愛情的角度。

希望透過此書，不僅為你解惑、治癒你自己，還能用科學的方式幫你了解自己，了解親密關係，從而獲得幸福。

　　讀這本書，你會了解：

　　「脫單」真的會讓人更快樂嗎？

　　為什麼開口的第一句話用幽默的方式不妥？

　　誰決定了我們的愛情學分？

　　為什麼浪漫之愛不可持久？

　　真的有愛情經濟學嗎？婚姻是一場交換？

　　為什麼我寧願當女神的備胎也不願和普通女孩談戀愛？

　　為什麼我是「渣男體質」？真的要集齊 7 個「渣男」，才能召喚「真愛神龍」？

　　為什麼相愛容易相處難？

　　愛情也是「前人栽樹，後人乘涼」？我們的「靈魂伴侶」到底是誰？

　　遭受背叛了還能再原諒對方嗎？該怎麼原諒？

　　吸引方程式，擇偶日記本，脫單說明書，友誼和愛情，愛之初體驗，冰點與沸點，愛情經濟學，愛情學分課，失戀症候群，愛人和敵人 —— 10 個愛情的真相，專治愛情各種疑難雜症。

　　理論模型、實驗研究、操作方式，你想要的，這本書裡全都有。

張曉文

 前言

# 第 1 章　吸引方程式

## 1.1 看臉的世界

心理學關鍵字：顏值吸引、演化心理學、月暈效應

## 顏值即正義

這是個看臉的世界嗎？

心理學回答：多數情況下 —— 大致上 —— 好吧 —— 沒錯！

愛美是人的本能，毋庸置疑。雖然老祖宗鄭重告誡我們「人不可貌相」，但是老祖宗本人依然情不自禁地「以貌取人」，連皇帝取探花郎，也是欽點眉目最端正的那一位。

不管我們願不願意承認，顏值確實是我們踏入社會的第一道門檻。

在每個物種中，尤其是在人類的潛意識裡，無時無刻都在以顏值作為做出選擇和判斷的標準，這展現在生活的各個面向。

例如問路，你會選擇問溫柔可愛的正妹，還是問「刺龍刺虎」的大哥？

選舉的時候，假如你對候選人一無所知，你會選擇看起來堅毅正直、一臉正氣的 A，還是選擇看起來猸頭鼠目、城府很深的 B？

哪怕是八點檔，你也可以一眼認出，那些正氣凜然的「好人臉」一定能活到最後，而那些一臉奸佞的「壞蛋臉」一定活不過 30 集。

沒辦法，我們天生就喜歡好看的人。

「美的就是好的」，這在心理學裡叫做「月暈效應」。

研究發現，我們潛意識裡認為外表有吸引力的人可能更善良、堅強、有趣、外向、個性好、有教養，未來的個人發展可能更好。

- **美的人更有趣、更外向？**

　　當然，誰不想外向活潑、人見人愛、花見花開。美的人只要微微一笑，人們就會情不自禁地感嘆：「她（他）真是外向活潑、活力四射啊！」相反，「我醜我自卑」，所以放不開。

- **美的人個性好、有教養？**

　　據說是這樣的：長得好看的人在世界上受到的寬容和優待更多，他們也自然會對世界更寬容，也更溫和。

- **美的人在社交與職場上更成功？**

　　我們來看看顏值和收入之間的關係。研究發現，把匹茲堡大學 MBA 畢業生長相分為 1 ～ 5 級，發現長相每升高一級，男性的年薪平均增加 2,600 美元，女性的年薪平均增加 2,150 美元。

　　著名勞動力經濟學家丹尼爾‧S‧哈默梅什一輩子致力於研究顏值問題，在其著名的〈顏值與勞動力市場〉論文中闡述：顏值和終生勞動力總收入呈較強正相關。長得醜的男員工的平均收入會顯著低於長得好的男員工的平均收入，這個差額可以看成是市場徵收的醜陋罰金（ugliness penalty）和顏值獎金（beauty premium）。

　　原來每一張漂亮的臉，都是「會呼吸的鈔票」。

- **美的人更容易結婚？**

　　大量研究發現，事實確實如此，顏值高的人擁有更多的約會機會和擇偶機會。因為從進化心理學的角度來講，美貌確實意味著更加優秀的基因和更加有競爭力的後代。從優生學的角度來說，看臉不是壞事，顏值為異性的擇偶過程提供了最豐富、最節約成本、最精準的基因優選標準。

## 女性之美：娃娃美和成熟美

既然美麗這麼有魔力，那麼魔鏡魔鏡告訴我，誰是世界上最好看的女人？什麼樣的女性面孔最迷人？

女人的美多數情況下有兩種。一種叫做「娃娃美」：大眼睛、小鼻子、小下巴和飽滿的雙唇。長得像娃娃一樣的美人，讓人望之親切，一見生憐。比如石原聰美：圓圓的臉、圓圓的眼睛、小小的嘴。讓人好感倍增。

人類天生就難以抗拒「娃娃美」，具備「娃娃美」的人才是真正電視劇第一線女主角的臉，不求豔麗逼人，但求十分耐看，能夠讓人忍受漫長的七八十集電視劇而不感到厭煩。

另一種美叫做「成熟美」：突出的顴骨、窄臉頰和燦爛的笑容。譬如演員許瑋甯。

具備「成熟美」的人在年輕的時候不顯年輕，上了年紀以後不顯老，所以，「成熟美」不僅高級，而且還是「抗老神器」。

如果一個女人同時擁有娃娃美和成熟美，她就是放眼全球公認的美人，如超模米蘭達可兒。

此時，我忍不住想提一下萬千少女的整型範本 —— 「網紅錐子臉」。

為什麼網紅臉深受廣大直男青睞？

你不喜歡沒關係，基因覺得十分喜歡。

演化心理學認為，人類的心理就是一整套處理資訊的裝置，這些裝置是由自然選擇而形成的，其目的是處理我們祖先在狩獵等生存過程中所遇到的適應問題。

簡單來說，我們今天每一個活著的人都是演化史中的「活化石」，我們的祖先在想什麼，我們現在也就還在想什麼。我們都是披著現代人外衣的原始人。我們喜歡網紅臉極有可能只是因為我們的祖先也喜歡！

我們來看看網紅臉的特徵和優勢。

1. 大眼睛＋高鼻梁，代表著她擁有更強的視力和嗅覺能力，這是優秀基因。
2. 尖尖的長下巴，這表示發育成熟，可以孕育健康的下一代。
3. 一頭烏黑亮麗的長髮，這表示年輕、健康，適合孕育健康的下一代。

男性通常偏愛長髮的女性。研究發現，長髮與女性的健康有關。所以好對象，好基因，意味著好的下一代。

看來網紅臉的流行，不過是因為人類千萬年來的生物學本能而已。

順便說一下，長尖下巴長在男人臉上可是沒用的，甚至可能有反作用，對男性來說，結實的下顎（俗稱男神必備下顎線）會顯得更有男人味，而一個長下巴（俗稱「戽斗」）則會削弱男人味。

## 男性之美 —— 個性帥哥和「小鮮肉」

男人好看的臉也可以分為兩種。

第一種是個性帥哥的臉：結實的下巴，寬闊的前額，看起來堅毅自信。

第二種是「小鮮肉」的臉：略微女性化的娃娃臉，乾淨漂亮，看起來熱情友好，朝氣蓬勃。

那麼問題來了，個性帥哥和「小鮮肉」，誰會贏呢？

廣大直男朋友齊聲表示：那還用說，當然是充滿雄性荷爾蒙的硬漢會贏啊！

事實完全相反。研究結果讓我大笑三聲：對女性而言，在排卵期，個性帥哥完勝！此時，她們普遍覺得不修邊幅、滿臉落腮鬍、具有男子氣概和充滿雄性荷爾蒙的臉更有吸引力。但是在其他時期，「小鮮肉」們完勝！他們充滿青春活力的臉讓女性心動不已。

女人啊，真是連審美都目標明確，直接切入主題。果然，女人真的是演化完全的高等生物。掰手指算算，女人的排卵期在一個月裡面就那麼短短幾天，而其他時期卻是非常漫長的。

所以，現在的世界是屬於「小鮮肉」的，弟弟們完勝！

## 1.2　你這麼可愛，當好花瓶就夠了吧

心理學關鍵字：刻板印象、嬰兒圖式

### 沒錯，我們靠可愛活到了現在

從演化心理學的角度來講，我們都是靠著可愛才活到今天的。

我們出生的時候，絕對都是一張娃娃臉。

娃娃臉的特徵是大眼睛、小鼻子、小下巴，最主要的特徵是圓圓短短的臉。注意：臉型越短越顯小，臉型越長越顯老（此時，馬臉哭暈在鏡子前）。

為什麼小嬰兒會擁有一張娃娃臉呢？

因為娃娃臉實在太好用了。

娃娃臉能引起人們的憐愛和保護慾，嬰兒之所以能夠隨心所欲、吃喝拉撒不被人嫌棄，很大一部分原因是嬰兒的娃娃臉！

生物學家認為，正是因為嬰兒需要特殊的照料和撫養，所以長了一張「我見猶憐」的天使臉孔來吸引人們的注意：看我長得這麼可愛，還不來親親我、抱抱我、照顧我、關懷我、呵護我，隨時隨地滿足我的一切需求！

根據演化要求，人類和大部分生物都會對嬰兒（特別是剛出生的嬰兒）產生本能的撫養和照顧衝動，以保障物種的延續。

我們對可愛的臉沒有抵抗力！

想想生了頭一胎的那段日子，無論是爸爸還是媽媽，大部分都會化身「晒小孩狂魔」，我們的頭腦裡會瘋狂分泌一種激素：天啊！這是誰生的小孩，太可愛了！

於是我們控制不住地在臉書晒小孩流口水的憨笑，晒小孩歪歪長出來的半顆牙，晒小孩的一日三餐、吃喝拉撒。

別封鎖，別封鎖！你當爸媽第一年也會這樣，心甘情願被寶寶的喜怒哀樂操控，變成「孩子狗」。

真的嗎？真的！但是僅限於嬰幼兒時期，後面的故事就一言難盡了。

隨著寶寶的茁壯成長，他們的真實本性也逐漸顯露出來。一旦學會爬行走跑，他們在屋子裡的所作所為簡直是《無敵破壞王3》。

以前看到你圓滾滾的小臉就想跑過去親親抱抱，現在看你年輕的臉龐加上永遠精力無窮，能忍住不發火，不照三餐揍你已經是絕對佛系的中年老母親了。

## 可愛只有好處？怎麼可能？

如果你長大成人，還幸運地擁有一張娃娃臉，恭喜你，你比年紀相當的人要顯得年輕很多。對於有著娃娃臉的成人，人們普遍認為他們誠實善良、暖心貼心、沒有威脅。

心理學發現，人們對具有嬰兒特徵的刺激會形成一種特殊的心理表徵——「嬰兒圖式」（Kindchenschema）。娃娃臉和娃娃音就是典型的「嬰兒圖式」。人們天生對「嬰兒圖式」充滿喜愛。

例如疊音是一種「嬰兒圖式」，很多人的名字都用疊音字，寄託了父母無限的愛。如婷婷、文文等，叫著叫著內心便會油然而生一種親近感，讓人很容易產生喜愛之情。

很多人開車的時候，喜歡用志玲姐姐的娃娃音導航，清甜的嗓音語調能有效緩解旅途疲勞。但是可愛也有劣勢，當一個成人擁有娃娃臉、娃娃音，你極有可能覺得他只是可愛，但是沒有什麼實務上的能力。

愛笑、樂天派這些特點讓你在人際交往中一帆風順、人見人愛。但是在職場上呢？社會認知有兩個基本向度，即熱情與能力。我們往往會覺得這兩個向度在同一個人身上不可兼得。

## 第 1 章　吸引方程式

以前皇帝上朝的時候，與他共商國家大事的是一批忠心耿耿的臣子 A，大家的目標是同心協力建設國家！這批大臣 A 是來幫忙皇帝的，需要具備優秀的才能。

等皇帝上完朝回到後宮，娛樂生活怎麼辦呢？這時那些陪皇帝打馬球、一起尋歡作樂的大臣 B 出現了，他們是來陪皇帝享樂的，他們具備豐沛的熱情。

你能想像大臣 A 和大臣 B 是同一批人嗎？

剛剛和皇帝暢談完國家大事，一臉嚴肅地勸誡皇上要勤政愛民，轉過身嘻嘻哈哈：萬歲爺，最近江南草長鶯飛，不如我們來個「微服私訪」下江南？

這畫面太美我不敢看，所以我們通常認為，一個人不是能力好、熱情不足，就是能力不足、熱情有餘，這是「魚與熊掌不可兼得」的道理。

## 漂亮和可愛的刻板印象

漂亮的最大壞處就是美貌帶來月暈效應的同時也帶來刻板印象。

你這麼好看，能力應該一般般吧！

女孩子太漂亮就沒心思顧好功課！

你這麼美，居然不花心？看來你還是不夠漂亮。（這是什麼邏輯？）

我們一般對美的人要求更高，美人都被寄託著更高的期望，所以一旦他（她）不符合我們心中所願，我們更容易失望，這就是所謂的「人設崩塌」。

古人說：

繡花枕頭一包草。

金玉其外，敗絮其中。

紅顏禍水，紅顏薄命。

看來，古人也很「毒舌」啊。

美貌在人際交往中的代價也不小，比如長得好看的人較難信任他人。

比如人們在長得好看的人面前更常撒謊，當與美女約會的時候，男人會忍不住吹牛，情不自禁地把自己抬高三分。

如此一來就有了這樣的後果：長得好看的人不太容易相信別人。

還有，長得好看的人比較缺乏同性友誼。

很簡單，面對貌美的同性，人們會降低自我評價。誰願意和校花做朋友！

有句話說：女人之間不用吵架，妳比她美妳就贏了。

誰願意總是輸？大家姿色差不多，在一起才能心平氣和做朋友。

當然，就我本人看來，美貌最大的代價是：捷徑太多了。

西蒙·波娃說過：「男人的極大幸運在於，他不論在成年還是小時候，必須踏上一條極為艱苦的道路，不過這是一條最可靠的道路；女人的不幸則在於被幾乎不可抗拒的誘惑包圍著，她不被要求奮發向上，只被鼓勵滑下去到達極樂。當她發覺自己被海市蜃樓愚弄時，已經為時太晚，她的力量在失敗的冒險中已被耗盡。」

美女更是如此。捷徑充滿誘惑，但最可靠的道路卻只有一條。

## 中等漂亮或成最大贏家 —— 美麗夠用就行

2010 年，德國和美國的 3 位科學家共同發表重要研究結果：顏值與評價之間存在著拋物線的關係，不漂亮的人不討人喜歡，過於漂亮的人也不討人喜歡，而中等漂亮的人很討人喜歡。

研究者認為，「美的就是好的」僅僅對中等漂亮的人適用，所以說，美麗夠用就行！

我暗自思考了這項研究的意義，這可能是源自人類超強的自我心理保護機制。我們雖然喜歡好看的臉，但是我們拒絕相信這個世界有人顏值超高、能力卓絕、個性溫柔又品德高尚。怎麼可能這麼完美？這要讓我們這些路人甲情何以堪？

## 1.3　地球上另外一個自己

心理學關鍵字：人際關係的吸引本質：同類相吸

如果我們是異性戀，我們最好的伴侶，就是地球上另一個性別的我。每個人都是自戀的，程度不一樣而已，我們喜歡的，就是和我們相像的人。

先來看看我們如何討厭和我們唱反調的人。

「我暑假想去花蓮旅遊。」

「花蓮有什麼好，好山好水好無聊。」

「那我去墾丁。」

「墾丁人太多，擠死你！」

「那我去彰化好了。」

「為什麼？那裡根本沒人去，老人才去彰化。」

「那我在家待著好了！」

「暑假大好時光，你居然在家待著。生前何必貪睡，死後自會長眠⋯⋯」

來人啊，把我那把菜刀拿出來。

我的某朋友提供自身經驗：我家有四個人，三個比哲學家還要盧還要會辯，我每次在家，總感覺精力耗盡，喉嚨沙啞，彷彿和 18 條蛟龍搏鬥一樣，總是恨不得快點出門。

我們追求和諧社會，不喜歡和我們唱反調的人。所以，我們討厭「盧」。

# 為何他們這麼「盧」？

閩南語裡面說那些喋喋不休、糾纏不止的行為叫做「盧」。我們現在從科學的角度簡單分析一下，為什麼他們可以這麼「盧」？

## · 「盧」界扛把子 —— 偏執型人格

《精神疾病分類方案與診斷標準》將偏執型人格的特徵描述為：

1. 廣泛猜疑，常將他人無意的、非惡意的，甚至友好的行為誤解為敵意或歧視，懷疑會被人利用或傷害，「世界處處是陰謀」。

2. 病態嫉妒，喜歡嫉恨別人，對他人的錯誤不能寬容。過分自負，若有挫折或失敗，則歸咎於人，總認為自己正確 ——「我怎麼可能有問題？」

3. 總是脫離實際，愛爭辯與敵對，喜歡把別人當成對立面，忽視客觀證據，很難透過邏輯或者事實改變他的想法 ——「來啊，來辯啊！」

偏執型人格屬於人格障礙範疇，人格障礙大概占心理障礙總人數的 5.8%。遭遇這種「盧」王，請大家務必牢記 6 個字：惹不起，躲得起。

別人都「人格障礙」了，你還不能忍忍嗎？

## · 「盧」界小白 —— 人家還是個「孩子」

「盧」這種為辯而辯的特質極有可能是因為其人格發展不完善，還處於渴求存在感，尋求他人關注的人生階段。

你觀察過小朋友嗎？這樣各執一詞的幼稚辯論常常發生在小朋友之間。

「我爸爸說地球是圓的。」

「不對，我爸爸說地球是扁的。」

「我爸爸說得對。」

「我爸爸說得才對。」

 第1章　吸引方程式

「你爸爸不對，地球是圓的。」

「你爸爸才不對，你全家都不對。」

小孩子愛強辯是因為他們處於心理學家皮亞傑提出的「自我中心」階段。寶寶無法區別自我世界和外部世界，他們覺得自己活在宇宙中心，僅依靠其自身的視角來感知世界，不能意識到別人的觀點和別人的視角。

「我覺得這是好的，這就是好的。我覺得這是對的，這就是對的，我覺得我爸爸是最帥的，他就是最帥的，你要是說我的爸爸不帥，你就是錯的，是壞人，我就要打你！」

小孩子的強辯和成年的「盧」並無差異，只是，我們可以接受小孩子的強辯，覺得他們童言童語非常可愛，卻很難忍受成年以後的「巨嬰」繼續強辯。

沒辦法，誰讓你沒有小孩子可愛，你不知道這是個看臉的世界嗎？

• 「盧」界躺槍者 —— 完美主義者

下面介紹的是「盧」界的躺槍者 —— 完美主義者，這是一個值得同情的「盧」。

首先，完美主義者既不是人格障礙，也不是人格發育未全者，他甚至是崇高理想和道德的代言人，他確實是一個「真好人」。

其次，完美主義者的確很容易掉入強辯的窠臼，他們對人、對己要求甚高，他們處處要贏，眼裡容不下一粒沙子，所以對這個世界充滿了挑剔和憤怒。

你在網路上發布了一則自拍影片。

他回覆：堂堂大學教授沉迷於社群軟體，這樣不會在學生面前樹立壞榜樣嗎？

你感嘆現代醫美技術真好，女人可以永保青春。

他回覆：不明白妳們這些女人為什麼都想整容，塑膠花怎麼可能比真花美。

他說得對不對？有沒有道理？

他是不是好人？你看見他想不想「落跑」？

我才不想要「訓導主任天天住在我家裡」！

完美主義者永遠要做對的事，批評錯的事。

有完美主義情結的人活得很累，經常還會遇到挫折和壓力，他們太過於正直、苛刻、古板，所以不那麼討人喜歡。

畢竟，沒有人會真心喜歡愛「盧」的人，誰會喜歡一個時時刻刻跟自己唱反調的人呢？

你說你喜歡？哈哈，此處活捉一條真「盧」蛇。

## 我們一生都在追尋「熟悉感」和「相似度」

人類有一些基本偏好，比如，我們喜歡熟人而不是陌生人。

有一次，我陪朋友參加大學生的就業博覽會應徵面試，他挑選了 3 個學生。

一個能力強的，很合理。

一個善於處理人際關係的，沒問題。

一個普普通通沒什麼特色的。

我納悶了，問他為什麼要選第三個。

朋友狡點一笑說：「他長得像我弟，這種長相純樸忠厚，我一看就知道⋯⋯」

真是迷之自信，其實不過是因為我們喜歡熟悉的臉而已。

賈寶玉第一次見林黛玉說：這個妹妹我好像在哪裡見過。

第一次見面就彷彿熟悉已久，這種感覺令人著迷。

## 第 1 章　吸引方程式

　　所謂熟悉，不過就是以前有過相似的經歷。我們喜歡已知的領域，而不是未知的領域，這就是人們常說的「舒適圈」。你在哪裡待久了，哪裡就成為你的舒適圈，你想做出任何改變都會艱難費力。

　　單身久了，單身就是舒適圈，脫單很難。

　　結婚久了，婚姻成了舒適圈，離婚不易。

　　這就是已知領域和熟悉感的魔力。

　　這種偏好根深蒂固，在天性中，我們的選擇總是傾向於熟悉的或者相似的人和物。

## 與伴侶相似的地方越多，就會越喜歡對方

　　大部分人會與跟他們非常相似的人結婚：相似的年齡、背景、學歷、智商、國籍。人可能會被與自己反差大的人短暫吸引，但是卻很難選擇他們當作伴侶。

　　人際關係的最基本原則是：有著相似背景、個性、外表吸引力和態度的人才有可能彼此吸引。

　　「道不同不相為謀」、「價值觀一致非常重要」就是這個意思。

　　你們的共同點越多越好，有句成語叫做「莫逆之交」，從不說「不」的交情才是金石交。

　　「你說的都對，我無條件支持你，你贊成的事我都贊成，你反對的事我都反對，你喜歡的人我都喜歡，你討厭的人我陪著你一起討厭！」

　　「人生難得再次尋覓相知的伴侶」，我們終其一生都在尋找和我們高度契合的人。

　　如果是精神世界高度契合，我們稱作「靈魂伴侶」，如果生活習慣無比契合，我們稱作「生活伴侶」，無論是哪一種，契合才能使兩人相處得更久、走得更遠。

我們的終極追求，就是找到地球上另一個自己。

你希望伴侶有多好，你首先得證明自己有多好。

你是誰，就遇見誰。

你必須善良、快樂、堅韌又令人喜愛，他才可能積極、陽光、強悍又充滿柔情。

最後，來一段人際交往的標準示範吧。

以下節選自奧地利電影《我愛西施》中茜茜公主和奧地利皇帝法蘭茲初次相遇的經典對話。

茜茜：我最喜歡的花是紅玫瑰。
法蘭茲：我也是！
茜茜：我最喜歡吃的是蘋果派。
法蘭茲：我也是！
茜茜：我最喜歡的事是騎馬。
法蘭茲：真是太巧了，我也是！

你學會了嗎？

## 1.4　世人那麼多，偏偏喜歡你

### 心理學關鍵字：獎賞、回報適配價值

問題：誰最可能成為你的女（男）朋友？

小學同學、國中同學、高中同學、大學同學、研究所同學……

這個叫同學系列。

同校的學姐學妹、學長學弟……

這個叫母校系列。

公司同事、鄰居、朋友的朋友、三姑六婆麻將牌咖的親朋好友……

這個叫近水樓臺系列。

以上共同的特點是什麼？

「近」！「近」讓我們更容易產生連接，「近」讓我們更容易得到回報。

## 我們一直追求人際關係的獎賞和回報

天雷勾動地火、心跳加速、荷爾蒙瘋狂分泌，很多人會以為吸引完全是一種感情衝動，殊不知吸引也是理性的產物。

人與人之間產生吸引力的最基本假設是：他人的出現對我們有獎賞意義。

影響吸引力的「獎賞」有兩種類型：直接獎賞和間接獎賞。

以下為直接獎賞：

我們喜歡漂亮的人，漂亮的人讓我們賞心悅目；

我們喜歡有能力的人，從他們身上我們能學到很多；

我們喜歡個性好的人，和他們在一起，我們輕鬆愉悅；

我們喜歡喜歡我們的人，他們對我們的興趣和讚美能有效提升我們的自尊，讓我們更加喜歡自己。

大多數情況下，對方提供的直接獎賞越多，對我們的吸引力就越強。

注意，有些獎賞是間接的、微弱的，我們甚至感受不到它的存在。

例如，即使身為生理男性的你遠遠未到法定結婚年齡，從沒想過生兒育女，當你走在路上，偶遇一位身材特別好的正妹，你的視線居然久久無法從她姣好的身體曲線上移開，你甚至開始不自覺地吞口水。

你以為此刻的吸引是純粹的來電，其實不過是她姣好的腰臀比給你的潛在獎賞。

演化心理學發現，腰臀比為 0.7 ：1 的女性最容易吸引男性。

其中的源頭沒有那麼神祕，不過是因為具備這種腰臀比的女性更容易生

育健康的後代而已（擁有這個腰臀比的女性體內帶有特定比例的雌二醇和孕酮）。

　　吸引力的基礎是與人發展有獎賞的經歷，那麼誰會提供我們更多的獎賞呢？

## 距離近更容易得到獎賞和回報

　　當人們彼此接近時，能聽到對方的聲音、看到對方的微笑、聞到對方的氣味、握到對方的手的時候，這樣發展的感情更具備回報性。這也叫做近水樓臺先得月。

　　近到什麼程度最好？此處強烈推薦人際關係的靈丹妙藥 —— 觸摸。

　　人類很早就對觸摸感興趣，中世紀的歐洲，人們認為來自君主的觸摸可以治病、驅邪、降福。

　　近年來，科學研究開始向我們展示觸摸對人類健康和生存的重要性。

　　心理學界有個著名的治療方法叫做觸摸治療，請大家記住一位偉大的心理學家的名字：蒂芙尼·菲爾德。

　　菲爾德第一個寶寶是早產兒，對媽媽來講這是件不幸的事。菲爾德在對自己早產寶寶的撫養和照料中發現了一個重要的心理學進展：觸摸的力量。

　　菲爾德和她的同事發現，他們每天只需輕輕按摩和觸摸早產兒的背和四肢 15 分鐘，這些早產兒的體重增長速度提快了近 50%。這項事實當時使醫學界大感震驚。

　　女性邊當科學家邊當媽媽實在是太厲害了，菲爾德拯救了全世界的寶寶。以前足月寶寶出生會被抱走，和媽媽分開，現在寶寶一出生就被放在媽媽的身邊。

　　以前剛出生的早產寶寶都會被孤零零地放在一個保溫箱裡，而現在醫院

# 第 1 章 吸引方程式

鼓勵父母對早產寶寶進行按摩和觸摸，因為觸摸可以有效增強寶寶的身體發育、情感發育、認知能力和運動技能。

進一步的研究發現，觸摸還可以幫助成年人改善注意力、緩解憂鬱、減少疼痛，甚至提高免疫力。

夫妻關係不好，先讓他們擁抱一個吧。

戀人要分手了，先讓他們擁抱一個吧。

朋友好久沒見面，先讓他們擁抱一個吧。

一個觸摸、一個擁抱或許就能促進感情，改變人生。

知道《大英雄天團》的杯麵[1]為什麼會風靡世界嗎？

無論網路世界多麼發達，我們還是無比渴望一個實實在在的真切觸摸和擁抱。

## 被人接納更容易得到獎賞和回報

心理學家做過一個實驗：酒吧裡有個絕色美女，酒吧裡 100 個男人都動心了，但是這個女人看起來特別高冷，臉很臭。

結果會有多少人上前搭訕？

答案是不到 10%。

同一個酒吧有個可愛的女孩，她沒有那麼讓人驚豔，但是看起來熱情開朗，很好相處，酒吧裡 30 個男人動心了。

結果會有多少人上前搭訕？

答案是超過 50%。

我們並不笨，我們不會放任自己的自尊心一再受挫，我們更傾向追求最有可能回應我們的伴侶。

對未來伴侶的期望值＝伴侶的外表吸引力 × 伴侶接納自己的可能性

---

1 動畫電影《大英雄天團》中登場的虛擬人物。

就算我們掌握了 108 種愛情技巧，我們也追不到高嶺之花。

如果一個人瘋狂地喜歡我們，但是他長得實在抱歉，我們也不會把他當作我們的約會首選，我們不會想要委屈自己。

我們一直在努力保持平衡，最吸引人的伴侶是那些長相還過得去，也很有可能接納我們的人。

那麼，如何判斷對方是否會接納自己呢？

此處引出一個心理學名詞：適配價值。

其實就是我們對自己的吸引力打多少分。

如果我們覺得我們是適配價值高的、吸引力高的、有才有貌、有錢有品的 90 分女人，我們就會希望有 100 分的男人來追求我們。

我們會堅持我們對伴侶的高要求，一般而言，我們的確能找到這樣的伴侶。適配價值是一道判斷題，是自己對自己價值的估算，所以可能出現兩種結果。

1. 高估自己：例如妳其實是個 70 分女人，妳堅持認為自己至少有 90 分。70 分的男人對妳苦苦追求，妳不屑一顧，卻苦苦追尋 100 分的男人，此時，一句歌詞送給妳：「愛我的人為我痴心不悔，我卻為我愛的人甘心一生傷悲。」

2. 低估自己：害羞的人或者自卑的人往往高估別人拒絕他們的可能性，這個時候他們可能會選擇與自己並不相配的伴侶。這個時候就會出現「鮮花插牛糞，美女配野獸」。

既然我們喜歡那些接納我們的人，那麼，對所有人都好，就表示「展現高度接納」會增加吸引力嗎？

一項快速約會的實驗發現：你要是來者不拒，對所有人都肯定、都微笑，全部說好，你的配對成功率將跌至谷底。

而你對前面 30 個人都說了「不」，只對第 31 個人說「好」，你的配對成功率將升至最高。

譬如，你看見一個潛在的約會對象對你微笑，你十分動心。哇，他的眼睛裡有星星！

然後，你發現他還對阿花、阿貓、阿狗全部發射了小星星，你心裡是否失望極了──「他的星星是批發的嗎，這麼廉價！」

但是，如果他對阿花、阿貓、阿狗都很高冷，卻唯獨對你很溫柔，此時，你對他的好感會迅速升至最高點，誰不想做那個唯一呢？

總而言之，為了脫單，我們要撒大網，我們要努力表達友善，但是對所有人表達友善，又會降低個人魅力。

研究發現，最好的接納來自那些挑剔的戀愛對象。

也就是說：我們傾向於和那些喜歡我們的，並且只喜歡我們的人交往。

言情小說中有句肉麻的話讓每個女人都很受用：「弱水三千，只取一瓢飲」。對大部分人冷若冰霜，只對一個人表露熱情是增強吸引力的一種方式。

記不記得我們小時候看武俠片，最喜歡的就是那種對所有人都心狠手辣，但對自己心愛的女孩熱情似火的大魔頭，就如《倚天屠龍記》中的楊逍，光芒遠遠勝過三心二意的張無忌。

綜上所述，關於愛情，幾千年前我們的老祖宗在《詩經》裡已經給出答案：「投我以木瓜，報之以瓊琚。匪報也，永以為好也。」

只有感情中你來我往、禮尚往來，才有珍貴的永結同心、永以為好。

所有的人際關係都是追求獎賞和回報的。我們喜歡漂亮的人，喜歡聰明的人，喜歡有能力的人，喜歡個性好的人，但是我們最喜歡的，是那些喜歡我們的人。

那麼，要讓別人喜歡你，很簡單，先去喜歡他（她）就可以了。

## 1.5　拓展：你們是什麼關係

我們來做一個測試吧，來測測你和他（她）是什麼關係！

常見的有兩種關係：一種叫做交換關係，一種叫做共有關係。兩者的差別如下：

當你幫別人忙的時候，如果是交換關係，你會期待對方的立刻回報；如果是共有關係，你可能根本就沒考慮過要回報，你會覺得能幫到他，自己也很開心，自我評價也會變高。

當別人幫我們忙的時候，如果是交換關係，你也期待他人立刻要求自己回報，總覺得欠別人一個人情心中不安；如果是共有關係，你會心安理得地享受這種幫助。

當與他人共同完成任務的時候，如果是交換關係，會極力分清楚哪一塊是誰的責任，誰該負責。如果是共有關係，你會覺得你會做就多做點，我會做就多做點，我要是超級能幹，就全部做了也沒關係。

如此看來，交換關係更低俗、更不親密，共有關係更高級、更親密。

那麼，現在你們兩個是哪種關係呢？

指導語：想像一個人，可能是你的戀人，也可能是你的朋友，根據下面的量表等級，填寫你對你們關係的評定。

| 0 | 1 | 2 | 3 | 4 | 5 | 6 | 7 | 8 | 9 | 10 |
|---|---|---|---|---|---|---|---|---|---|---|
| 一點也不 | | | | | | | | | | 非常 |

1. 相隔多近你才願意去探望對方？
2. 能夠幫助他（她）的時候你有多快樂？
3. 你可能給予對方的利益有多大？
4. 為了滿足對方的需要，你會承擔多大的代價？

33

5. 對你來說，把對方的需求拋諸腦後有多難？

6. 滿足對方的需求對你來說有多優先？

7. 為對方做出犧牲你有多甘願？

8. 為了讓對方獲益你願意放棄的利益有多大？

9. 為對方辦事你會走多遠？

10. 拒絕幫助對方有多難？

　　現在，你清楚你和他（她）是什麼關係了嗎？

# 第 2 章　擇偶日記

第 2 章　擇偶日記

## 2.1　女人愛財，男人好色

心理學關鍵字：擇偶的性別差異演化心理學

## 擇偶的性別差異

我們先來玩一個關於需求的遊戲。

0 ～ 5 歲：女孩的需求→媽媽；男孩的需求→媽媽。（哈哈，爸爸去哪裡了？）

6 ～ 10 歲：女孩的需求→不是討厭的男孩子就可以了；男孩的需求→可以陪我欺負女孩子的男孩。（這個時候女孩和女孩玩，男孩和男孩玩，男女之間有條清晰的「楚河漢界」。）

11 ～ 15 歲：女孩的需求→十六七歲的大哥哥；男孩的需求→足球、籃球、網球、桌球……（女性明顯情感成熟早一些，男孩需要用各種球類運動來發洩旺盛的精力。）

16 ～ 20 歲：女孩的需求→大家都稱讚的「大帥哥」；男孩的需求→女人，女人就可以了！（此時為男性的低潮期：瘦竹竿身材，臉上都是痘痘。）

21 ～ 25 歲：女孩的需求→ 25 ～ 29 歲的男人，有事業、品味、才華；男孩的需求→ 20 ～ 24 歲漂亮又身材好的女人。（各位男性讀者，請牢記你們此刻的選擇，因為你們會十分專一，不再改變。）

26 ～ 30 歲：女孩的需求→比自己年長、比自己有事業心的男人；男孩的需求→ 20 ～ 24 歲漂亮又身材好的女人。（男人果然很專一。）

31 ～ 40 歲：女人的需求→心靈契合的好男人；男人的需求→ 20 ～ 24 歲漂亮又身材好的女人。（發現了嗎？女性的擇偶要求在降低。）

41 ～ 50 歲：女人的需求→男人；男人的需求→ 20 ～ 24 歲漂亮又身材好的女人。（此時，女性的要求降到最低，如果女性依然堅持自己的高標準，她們極有可能會一直單身。）

51 ～ 60 歲：女人的需求→能與她相伴終老的男人；男人的需求→ 20 ～ 24 歲漂亮又身材好的女人。

71 ～ 80 歲：女人的需求→五六十歲時找到的那個，不需要自己照顧的男人；

男人的需求→ 20 ～ 24 歲漂亮又身材好的女人。

81 ～ 90 歲：女人的需求→比自己晚死的男人；男人的需求→雖然我已經老花眼，看不清楚……但是我還是希望是 20 ～ 24 歲……

遊戲結束，男人心情很好，女人心情很差。

為什麼男性在擇偶中如此重視女人的年輕和美貌呢？想想那個「陰魂不散」的 20 ～ 24 歲。

為什麼女性在擇偶上更加執著於男人的才能、事業、經濟實力和物質基礎呢？

一項網路交友機構的內部數據顯示：那些相貌不佳的男士（外貌吸引力最低的 10%）每年需要多賺 18.6 萬美元，女性對他們的關注度就能和對長相英俊（外貌吸引力最高的 10%）的男子一樣高。

也就是說，財富真的能為外貌加分。

試想生活中我們經常遇到一個美女挽著一個其貌不揚的男子，你心中是不是情不自禁地浮現出一個想法：這男人肯定有錢！

## 「女人愛財，男人好色」的演化心理學解釋

演化心理學（evolutionary psychology）隆重登場，讓我們來揭開它神祕的面紗。

演化心理學是心理學眾多理論流派和研究領域中的一個分支，最近這幾年特別紅，說到「演化」，顧名思義，演化心理學是以達爾文的演化論為理論基礎的。

演化論的核心是適者生存，演化論告訴我們無論人類如何發展進步，我們本質上的追求只有兩件事：存活（survival）和繁衍（reproduction）。

自己先活著，再把自己的寶貴基因繁衍下去。

演化心理學認為：演化論適用於人類的生理機制，同樣也適用於我們的

## 第 2 章　擇偶日記

心理機制。男性、女性因為彼此的生理構造不同，因此在繁衍後代這件事情上，想要達成的目的、遇到的困難也有所不同。

　　男人為何一直到老都喜歡 20 ～ 24 歲漂亮又身材好的女性？

1. 20 ～ 24 歲是女性生育能力最強的時期。

2. 漂亮的女性更有可能生出漂亮的孩子，這樣的孩子是更有競爭力且更優秀的後代。

3. 好身材在男人眼裡就是「腰臀比」恰到好處，「腰臀比」恰到好處的女性更有可能生出健康的寶寶。

　　一切都有目的，刻在基因裡的生存和繁衍的目的。

　　再來看看女性，女性為何喜歡有資源、有地位、有經濟實力的男性呢？

　　女性在社會上一直是弱勢群體，女性在養育孩子上投入非常大的資本，她們更需要豐富的資源和避風港為她們自己和孩子提供物質基礎和穩定的家。

　　所以，女性終其一生都在尋找能為她們帶來安全感的男人。

1. 女性不那麼在意伴侶是否年輕，是因為男人終其一生照理說都仍有生殖能力，事實上，女性一生都在尋找比自己略大幾歲的男人。

2. 女性在意男性是否有錢，是因為很多時候財富可以和安全感畫上等號。如果一個男人在約會的時候表現得像鐵公雞，多數情況下他不會獲得任何異性的青睞。

3. 女性有兩套「系統」：一套用來戀愛（短期擇偶），一套用來結婚（長期擇偶）。兩套系統平行運行，互不干擾。

　　女性戀愛遵行「快樂原則」，她們想找陽光帥氣，擁有迷人微笑的男性，因為愛美是人的天性。

　　女性擇偶的時候遵循「實用原則」，她們會果斷捨棄帥哥，因為帥哥讓

人不安，如果你長得忠厚老實，極有可能會是婚姻市場的熱門商品。

在婚姻市場上最受歡迎的男性特質是忠誠可靠、勤奮上進，這些特質意味著女性以後更有可能享受男性帶來的資源與保障。

總而言之，男性的繁殖力大於女性，而女性的資本投入大於男性。這兩個核心性別差異，會造就男人和女人在擇偶上的心理差異。

男人希望找到漂亮能生育的女人，這就是「男人好色」；女人希望找到能為自己和孩子提供資源的男人，這就是「女人愛財」。

## 公平交易是演化心理學的核心觀點

以前我提到人際關係的本質是同類相吸，很多人不同意。他們表示現實生活中有很多根本不相配的夫妻，比如說老夫少妻，年長的富翁和年齡小到足以做他女兒的小嬌妻。

其實，這兩種人從社會資源的角度來講，反而是相配的。女性以年輕貌美交換男性的社會地位、經濟資源，這樣的夫妻搭配非常普遍。

這個時候，很多讀者心都碎了。為什麼好好的愛情故事講得這麼庸俗，我不相信，難道世界上的女人都喜歡有錢的男人嗎？

首先，美貌和財富是人類的共同追求。大多數女人不僅喜歡有錢的男人，同時也喜歡長得帥的男人。

同理，大多數男人不僅喜歡漂亮的女人，也喜歡有錢的女人。

所以說，大家其實都只是在追求更加美好的事物罷了。

其次，心理學研究的是大多數情況，是統計結果，是在現實的情境下大部分人的普遍選擇，並不能代表個案。

有個好消息，隨著女性地位的提升，女性的經濟實力越來越強，她們反而不再那麼需要依靠男性來獲得經濟資源和社會資源。

近期的研究結果發現，女性越聰明、能力越強，她尋找有財富、有地位

的伴侶的慾望就越低。因為她們的經濟實力已經為自己提供了足夠的安全感，所以不再需要把安全感寄託在男人身上。

也就是說，如果世界終有一天男女真正平等，大家更有可能遵循自己的內心來尋找伴侶，而不執著於外在的條件，衷心期盼那一天早日到來。

## 2.2　完美先生和差不多先生

心理學關鍵字：足夠好的伴侶

## 故事 1：蘇格拉底和大麥穗

蘇格拉底讓學生們去一片麥田撿麥穗，他要求學生們撿起那個最大、最金黃、最飽滿的麥穗，但是全程不可回頭。

老師是大師，他的話不可不聽，學生們賣力地尋找那個最大、最金黃、最飽滿的麥穗，每當撿到一個大的麥穗，他們總會搖搖頭，認為前方還有更大的。結果是什麼，大家都知道：最後所有人都兩手空空失望而歸。

蘇格拉底又讓學生們去砍松樹，要砍那棵最挺拔、枝葉最繁茂的松樹，同樣是一路向前不可回頭。

學生們吃一塹長一智，他們走了大半的路程後，主動選擇了一棵看起來還不錯的大松樹。

這個麥穗叫愛情，這棵松樹叫做婚姻。

你們看懂了嗎？

如果你們嫌這個故事老氣橫秋，我來講一個更貼近現代生活的，講一個我的最愛 —— 逛百貨公司的故事。

# 故事 2：關於本能

告示牌：此百貨公司只允許女性進入，一個人只能進去逛一次，店裡共有六層樓，隨著樓層的上升，男人的等級也越高，不過請注意，顧客可以在任何一層樓選一個丈夫或者選擇上樓，但不能回到以前逛過的樓層。

一樓寫著：這裡的男人有工作。（哼，上樓。）

二樓寫著：這裡的男人有工作且喜歡小孩。（嗯，上樓。）

三樓寫著：這裡的男人有工作、喜歡小孩，而且還很帥。（還不錯啊，上樓吧。）

四樓寫著：這裡的男人有工作、喜歡小孩，而且帥得令人窒息。（好心動啊，還是上樓吧，上面肯定會有更好的。）

五樓寫著：這裡的男人有工作且喜歡小孩，令人窒息的帥，還會幫忙做家務，更有強烈的浪漫情懷。（天啊，就選五樓好了，但是六樓是什麼頂級男人啊？這個時候不上樓，我會不會後悔一輩子，餘生都在後悔那個六樓的男人？還是艱難地上樓吧。）

六樓寫著：妳是這層樓的第 123456789 位訪客，這裡不存在任何男人，這層樓的存在只是為了證明女人有多麼不容易被取悅。謝謝光臨。

不久，一家專營男性婚姻服務的店在街對面開張，經營方式與前者一模一樣。第一層的女人長得漂亮；第二層的女人長得漂亮並且有錢……結果，二樓以上的樓層沒有一個男人去過。

兩個故事結束，大家陷入沉思。發現了嗎，男女對伴侶的期望值不一樣。

女性的本能是幻想，她們常常對伴侶充滿各種期待和幻想，總是希望找到那個千萬人之中唯一的真命天子。

男性則現實得多，擇偶的時候只要自己覺得對方可愛順眼、條件恰到好

處，就想趕快娶回家。男性尋找的應該叫做「差不多」愛人，也被稱作「已經夠好了」愛人，指的是對自己而言已經足夠好的伴侶。

　　所以人生的真相是：優秀的女性常常單身，而優秀的男士大多已婚。

　　也許，在擇偶上，女人真的要向男人學習。

　　「足夠好的」一詞，源於著名精神分析學家溫尼科特關於「足夠好的母親」的論述。所謂「足夠好的母親」，是相對於「完美母親」而言的。

　　溫尼科特認為，足夠好的母親雖不能滿足孩子的全部需求，但至少能滿足一些生存需求，如安全的成長環境、必要的情感連結等。其實，這些對孩子的成長就已足夠。

　　溫尼科特的提議讓全世界立志要做無敵鐵金剛的焦慮媽媽鬆了一口氣，原來她們不需要做一個完美媽媽，做一個差不多的媽媽就已經足夠。

　　那麼，我提議：原來我們不需要找一個完美愛人，找一個差不多的愛人就足夠。差不多的愛人要到哪裡才找得到？先來看看我們的理想伴侶。

## 理想伴侶

　　儘管存在著性別差異，但在一些重要的擇偶標準上，男女是基本一致的，我們都希望伴侶：

1. 熱情忠誠、值得信賴（個性好的）。所以，請在尋覓愛人的時候敞開心扉，把你對她（他）的好感用言語、用行動表達出來，不要吝嗇於表達，不要惜字如金，不要故作高冷，不要欲擒故縱。人與人的交往沒有「讀心術」，你喜歡她（他），你就應該讓她（他）感受到。

   你會經常發現，一群女孩當中最甜美、最愛笑、最活潑的那一個總是最容易受到男性的關注，哪怕她不是最美麗的。

2. 具備吸引力和活力（有吸引力的）。一段關係中活力非常重要，如果兩個人之間的關係總是死氣沉沉、缺乏交流，這種關係極有可能會如槁木

死灰。

3. 具備一定的社會地位和資源（有資源的）。男人和女人都喜歡好看、有能力且具備一定程度的經濟地位與社會地位的另一半。特別是在競爭激烈的現代社會，誰不希望自己的另一半能夠提供自己更多的精神支持和物質支持呢？

這些特點都非常重要，但是優先順序不同。

首先，這取決於我們要進入的是一段短期的露水姻緣還是一段長期的認真關係。可以想見，男女兩性對短期夥伴的要求，遠遠不如對長期夥伴那麼苛刻和挑剔。

如果我們只是因為孤獨寂寞想找個人來陪，根本就沒想過未來，我們便有可能接受那些智商、收入水準、學經歷遠遠不如我們的人。

比如女性在考慮短期情人的時候，只要他有迷人的眼睛和強壯的肌肉即可，是否可靠、是否忠誠、是否對她關懷備至，她根本就不在意。但是，一旦決定挑選自己的終身伴侶，女性會馬上清醒過來，此時：

良好的品格＞英俊的外表

才華和能力＞強壯的肌肉

女人在考慮長久親密關係的當下，更看重熱情、忠誠、社會地位和經濟資源，而不那麼在意長相吸引力。

當然，在魚與熊掌不能兼得的時候，普通的女性更有可能喜歡友善、體貼和富裕的男人，而不是英俊卻貧窮或者富有卻不忠的男人。

如果我們真的想走進一段長期穩定的親密關係，我們需要尋找的是「差不多先生」而不是「完美先生」。

如果我們堅持要我們的伴侶又友善、又溫柔、又美麗、又富裕，我們可能會長期處於失望和沮喪中。

　　如果你是個男孩，你或許應該先保證女友至少有看上去順眼的長相，再去尋找盡可能多的熱情、友善、誠實、善良。

　　如果妳是個女孩，妳可能要先確保男友至少有些金錢積蓄和前途，再去尋求盡可能多的忠誠、穩定、幽默和智慧。

　　祝福你早日找到你的「差不多伴侶」。

## 2.3　防「渣男」指導手冊

**心理學關鍵字：「渣男」心理學、女性獨特的低自尊**

　　「你對我實在太糟糕，我對你卻太好，如今我只能自己後悔，只能自己苦惱。」范曉萱的〈你的甜蜜〉是我小時候最愛聽的歌，到現在驀然回首，才發現其中充滿了許多心理學的況味。

　　為什麼有些男人單憑甜言蜜語就能騙取一個又一個女性的芳心？

　　為什麼很多女人很難離開一段「有毒」的關係？

　　追我的人很多，但是為什麼個個是「渣男」，難道我真的有「吸引渣男的體質」？

　　先來談談「渣男」，關於「渣男」的社會新聞層出不窮。

　　某大學學生會長利用職權和 11 個女孩同時約會；某「渣男」被現任女友曝光手機內容，腳踏多條船，手機中多名交往女生每個人的個性特徵都有詳細備註。

　　這個世界太奇怪，情感資源分配極其不公平。一邊是無法找到另一半的廣大直男朋友，忠誠、務實、一腔真情無處安放；一面是各種深諳女性心理的「老司機」，甜言蜜語張嘴就來，沒什麼本事還能坐擁後宮佳麗三千。

　　問題在哪裡？我們先談一談「渣男」心理學。

## 「渣男」的殺手鐧：虛假蜜糖＋真實打壓

在自然界中，雄孔雀在求偶的時候都會孔雀開屏、炫耀羽毛。我們來看一個關於「孔雀渣男」的故事。

雄孔雀 A 求偶成功，獲得交配權的時候會發出勝利者的鳴叫，這時會吸引一大幫雌孔雀來圍觀。哇，牠真強壯！哇，牠真威風！

像這樣的良性循環，雄孔雀 A 就能得到源源不斷的配偶資源。

雄孔雀 B 在展示了自己的羽毛 108 個小時後，沒有吸引來任何一隻雌孔雀。牠靈機一動，模仿雄孔雀 A 發出勝利者的鳴叫，哇，一群天真的雌孔雀爭先恐後地跑過來一睹英姿，沒想到卻正好落入雄孔雀 B 的陷阱。

沒錯，雄孔雀 B 就是孔雀界的「渣男」。

**・「渣男」第 1 招：虛假蜜糖**

現代社交媒體的普及為「渣男」提供了絕佳「炫耀羽毛」的場所，相對於面對面溝通，網路賦予了表演者更多的控制權。

也就是說，現在的人比過去更有能力打造一個數位的虛假自我。

有女性來諮商室找我哭訴，我驚訝地發現她對已經交往兩年的男友的了解僅限於網路朋友圈，對對方的真實生活一無所知。

天啊，這位女性真是太天真了。在網路時代，你可能都不知道對面和你聊天的是不是一條狗。

**・「渣男」第 2 招：真實打壓**

我某天坐捷運，聽見旁邊一個男人對他清秀的女朋友說：「原來妳也是這樣的女人，原來妳也需要一個名牌包才能證明妳的價值，我真是看錯妳了，虧我以前還覺得妳和一般的女人不一樣。」

他女朋友的臉立刻漲得通紅，滿臉羞愧和尷尬。

　　你看看，「渣男」打壓和控制單純善良的「小白兔」是不是太輕而易舉了？哪怕那個名牌包是「小白兔」自己賺錢買的，她那一刻也會以為自己是不是不夠好，會不會太虛榮。

　　很多女性在面對「渣男」的時候很容易被洗腦，她們會自我懷疑、貶低自己，甚至會懷疑自我的價值，認為自己真的沒有那麼好。

　　「渣男」透過打壓女性自尊來滿足自己的自私自利和貪婪索取，也為自己不負責任做鋪墊。比如他們常說：「妳自己條件很差啊，所以我拋棄妳是應該的，不是我的錯，都是妳自己的錯。」

　　這招真狠，很多女孩被「渣男」欺騙的不只是感情，還會喪失多年努力建立的自尊。

　　問題來了，「渣男」能用打壓控制女性，但是反過來，也有些騙財騙婚的女性，她們卻從不用打壓的手段來控制男性，為什麼？

## 女性獨特的低自尊

　　研究發現：在不同的文化環境中，不論女性處於哪個年齡段，她們的自尊水準都比同年齡段的男性還要低。

　　相較於男人的過分自信，女人更容易看低自己。

　　5 歲的小女兒問我：「媽媽，為什麼女孩穿得很漂亮的時候，還是覺得自己不夠漂亮，而男孩穿得亂糟糟還覺得自己很帥？」

　　我們常常觀察到，一個其貌不揚的男人老是覺得隔壁阿花都喜歡自己，反之，長相、事業都優秀的女人覺得自己不夠好，得不到他人的愛。

　　女性的低自尊主要表現在以下方面。

### ・「我不希望你不高興」—— 取悅者傾向

　　當一個人生了女兒，我們會說恭喜你擁有了一個貼心的小情人。

如果你觀察小朋友，你會發現小女孩天生對周圍人的情緒感知能力很強，小女孩從小就會「看臉色」。

「媽媽不開心了，是不是爸爸又惹她生氣了？」

「老師不高興了，是不是我沒有表現好？」

對比於那些同年齡的小男孩，你會覺得這些男孩每個都沒有心眼，腦袋空空。多數情況是媽媽被氣得頭頂冒煙，他們還在地上打滾撒野。

那麼，當小情人好，還是當沒腦袋好？

對他人情緒的敏感代表著情緒感知力強，在人際交往中更容易具備同理心，人際關係更融洽。

但是對他人情緒過分敏感意味著更容易受到他人情緒的影響，更容易為他人的負面情緒買單。

「我一看他臉沉下來了，就忍不住想說點好話來緩和氣氛。」

「爭論的時候，只要他有不同意見，我都會順著他的意思，不然兩個人僵持不下，太尷尬了。」

因為太善於察言觀色，太替人著想，女性反而很難勇敢表達內心的真實想法。女性經常用討好的方式來避免受到他人負面情緒的攻擊，來維持和諧的人際關係。相對來說，男性時常察覺不到，或者根本就不怎麼在意他人的情緒。

- **「我一定要兼顧家庭和事業的平衡」**

「妳如何兼顧家庭和事業的平衡？」

「這個問題你怎麼不去問問男人？」

女性對如何平衡家庭與事業感到更焦慮。

「事業女強人，家庭不行。」

「女人賺再多錢有什麼用，連婚都結不了。」

這些言論是不是很耳熟？甚至是我的一位在外呼風喚雨、叱吒風雲的成

功女性朋友也在一個深夜向我口吐真言:「我這輩子,所有的錢都是自己賺的,就沒有本事花到男人一分錢!」

無論事業做得多好,只要家庭經營失敗,女人依然會覺得自己是個失敗者。相反,男人可以坦然為了工作犧牲家庭。

女性對自己的過高要求也會降低女性的自尊。

### ・　在親密關係中,女性更容易妥協,更容易犧牲

我以前進行過一次調查:你和你的伴侶,如果只有一次機會,你更希望誰升職?

雖然很多的回答是「誰能力強誰升遷」,但是更加普遍的觀點依然是:我希望我先生升遷,他專心事業,我專心家庭。

據調查顯示,一個家庭,如果男性的薪資是女性的兩倍,家庭結構最穩固。同時,很多女性會說,如果自己比先生賺得多,自己在家裡反而有些抬不起頭,需要時時刻刻絞盡腦汁盡力維持先生的自尊和體面。

妳是不是覺得難以想像?舉個案例:妳先生一個月賺五萬,他覺得長假國內景點逛一逛就好了,妳一個月賺十幾萬,妳當然更想去歐洲啊。

最終你們會選擇去哪裡旅遊?

極可能還是國內某景點,因為妳要考慮先生囊中羞澀並照顧他的自尊。

當親密關係出現問題,女性也更容易由內部歸咎自己:「是我不夠好,他才會離開我」,當自己的需求和他人的需求產生衝突時,女性更傾向於犧牲自己的利益。

其實女性低自尊的表現遠不止這些,還有更加顯而易見的,比如女人比男人更怕老,女人比男人有更嚴重的外貌焦慮,看看女性化妝品櫃檯那一排排美白抗斑各式瓶瓶罐罐,是誰給了女性這麼嚴重的焦慮?

也許,低自尊真的是問題的根源所在。

## 2.4　是我一直太懂事

心理學關鍵字：自尊、約拿情結、成功恐懼

我們從小到大，一直被教導要聽話、要懂事，因為大人們會喜歡懂事的我們，事實真的是這樣嗎？

如果一個人符合以下五個描述，你對他是什麼感覺？

1. 一旦產生衝突，他總是先道歉，緩和了關係再說。
2. 從小到大，無論父母、老師、上司對他有什麼要求，他總是用盡全力去滿足。
3. 他特別在意自己的外在形象是否得體，總是怕被人批評。
4. 別人一誇他，他就不舒服，連忙擺手說「都是別人的功勞」。
5. 如果受到批評，他首先想到的是自我反省。

你覺得這個人怎麼樣？溫良恭儉讓？懂事？對，就是懂事。

我們接著來看心理學家關於低自尊的五條描述，你中槍了嗎？

1. 面對別人的憤怒，你總是控制不住想道歉，即使你並沒有做錯什麼。
2. 你總是滿足別人的要求，卻不善於照顧自己。
3. 你總是非常在意自己的外貌和打扮的細節，覺得這樣才能吸引別人。
4. 如果別人誇你，你會覺得非常不自在，甚至反駁他們。
5. 一旦對方批評你的觀點，你會不自覺地妥協。

天啊，懂事不是一種美德嗎，怎麼變成了低自尊？我的內心受到暴擊。

## 自尊的誕生

先來看看什麼叫自尊。自尊是人們如何看待自己的「核心信念」，「核心信念」是人們看待自己的方式，對自己的評價與想法，以及人們賦予自己的價值感。

有很多人喜歡自己，他們覺得自己很容易獲得他人的喜歡，這些人通常具備高自尊。有很多人不喜歡自己，他們經常懷疑自己得不到他人的喜歡，這些人通常具備低自尊。

毋庸置疑，高自尊的人通常比低自尊的人活得更健康且幸福。

「我的地盤聽我的，我的自尊我做主。」這句話聽上去雄心勃勃，但是我告訴你，你根本就做不到。

自尊看起來是一件很自我、很酷的事，其實卻是一種由他人、由人際關係來操縱的事。我們人類身為社會化的動物，如果他人不喜歡我們，我們想要喜歡自己會非常困難，除非是自戀型人格障礙。所以，自尊又被稱作「社會關係測量儀」（sociometer），可以測量我們的人際關係健康指標。

如果我們身邊的人喜歡我們，我們就喜歡自己；如果他人經常給予我們積極的回饋，認同我們，看重我們，我們的自尊水準就會高。

同理，當我們經常遭到旁人拒絕，貶低或者漠視，就會降低我們的自尊。怪不得這麼多人「愛你在心口難開」，一旦被人拒絕，自尊心將多麼受創。

一些關於自尊的研究發現值得玩味。例如，一個人的自尊感高低和他的客觀情況並不完全相符。有的人很普通，但幸運地被喜歡的人圍繞，他擁有高自尊；有的人很出色，卻總是遇到打壓、貶低自己的人，他擁有低自尊。

低自尊還容易惡性循環。例如，低自尊的人會低估伴侶對他們的愛。

人有自證傾向，人們總是只能看到他們願意看到的東西。於是，低自尊的人總能看到伴侶不夠重視他們的地方（比如伴侶今天不能夠接她下班），

而難以看到伴侶對他們的好（以前每一天，伴侶都接她下班）。與高自尊者相比較，低自尊者會感受到更多的拒絕，遭受更多的傷害，因此變得更加疑神疑鬼、患得患失。

高自尊的人會更加勇於追求愛情和表達愛情，「我知道我夠好，所以我沒有那麼害怕受到拒絕」。而低自尊的人則傾向於把他們脆弱的自尊心置於親密關係之上，「我不能被拒絕，一旦被拒絕，我就什麼都沒有了」。

總而言之，自尊起源於人際關係，而且一旦形成很難克服，並且會持續地影響以後的人際關係。

## 低自尊的表現

· **好的東西不敢擁有，覺得自己只配用劣等貨**

例如，她明明月收入破十萬，沒有房貸、車貸的壓力，還堅持只穿地攤貨。

長輩們卻對她豎起大拇指：這女孩真懂事啊！

· **好的感情不敢追求，有毒的關係無法擺脫**

例如，她的歷任男朋友都被別人評價為「配不上她」。

一個 80 分的優秀女性可能因為低自尊，對自己的評價只有 60 分。此時，如果有一名 80 分的男性和一名 40 分的男性同時追求她，你覺得她會選擇誰？

居然是 40 分的男人更容易勝出，不怪「鮮花插牛糞」，誰讓「鮮花」自尊低。低自尊讓她們不敢去追求那些真正好的東西，甚至在有機會擁有好東西時主動拒絕。因為她覺得自己不值得。相反，不怎麼好的、有瑕疵的人和事讓她們感到安全，能夠安心占有。

51

## 第 2 章　擇偶日記

長輩們現在不滿意了：這孩子是不是眼光有問題啊！（你們不能這樣，這還是前面那個被你們表揚過懂事的孩子啊。）

此處引入一個重要的心理學概念：「約拿情結」。

約拿情結（Jonah complex）是心理學大師馬斯洛率先提出的。約拿情結就是對成功的恐懼、對成長的恐懼。

一個聰明的年輕人，他在學校裡成績很好，但在大學入學考試前夜突然生病了，以至於失去了考試的機會。後來他開始工作了，工作能力很強，主管十分賞識他。但是在他馬上就要得到一次關鍵升遷的時候，他又辭職了⋯⋯

心理學發現：人們不僅躲避自己的低谷，也躲避自己的高峰。不僅畏懼自己最低的可能性，也畏懼自己最高的可能性。

我們很多人內心都深藏約拿情結，約拿情結發展到極致就是自毀情結，即面對榮譽、成功、幸福等美好的事物時，總是覺得「我不行」、「我不配」。

## 低自尊的成因

### ・ 童年困境：打壓和苛責的父母

「我不行」—— 想獲得媽媽的稱讚，我第一次嘗試自己用湯匙吃飯，結果撒了一地，媽媽說：「誰叫你硬要這麼做，你怎麼這麼笨！我又得幫你洗衣服！」

嘗試一次又一次被打斷，自信心會降低，我告訴自己「我不行」。

「我不配」—— 當我想要一件裙子作為生日禮物的時候，爸爸說：「你這麼小怎麼能穿這麼貴的裙子啊，弄髒了怎麼辦？弄壞了怎麼辦？小小年紀怎麼就這麼不懂得知足！」

要求一次又一次被否定，以後遇到好的人和事，我告訴自己「我不配」。隨著我們長大，這六字魔咒會一直伴隨我們。

長大後，當機會來臨時，我們做的並不是客觀評估我們的能力，而是用小時候的經驗模式再一次說服自己，我怎麼可能把握得住這次機會，我不行。

當一個優秀的男人出現，我們的心怦怦跳的時候，那個小小的遭受挫折的我又會跳出來說，他怎麼可能真心愛我？我不配。

我們每個人都可能成功，都可能獲得幸福，阻礙我們的到底是什麼？

是約拿情結還是低自尊？

太懂事的孩子可能真的沒糖吃。

## • 負面經驗

不單是早年經驗，長大後的負面經歷也會導致低自尊。即使曾經對自己很自信的人，一旦遭遇壞的人和事，自尊心也會受到傷害。

很多「第一次」的不愉快經歷會降低人的自尊。

比如第一份工作，在建立職場自信的時候，遇到一個情緒管理差、吹毛求疵的上司，經常遭受他的責備，受到不公平的待遇。

「你真的是國立大學畢業的嗎？我找個高職畢業的都比你好！」

「你連這麼小的事都做不好，真是個廢物！」

比如第一個愛上的人是一個自私、喜歡控制和操縱他人情感的人。

「你怎麼這麼愛慕虛榮，沒有人會真心喜歡你！」

「你會孤獨終老的！」

如果你缺乏在逆境中的彈性，如果你真的太相信這些話，變得不願意相信自己的感受，你可能真的會崩潰，你極有可能會從一個開朗自信的狀態變得沮喪低落、畏首畏尾，你也可能從原先對愛情充滿憧憬的狀態變得封閉自己，不相信愛情。

想起孫燕姿的一首歌〈懂事〉：「是我一直太懂事，任你自由地犯錯，

錯到無法再讓你留在我的世界，是我選擇了懂事，而你的回應是放縱，我會冷靜看著你離開我的世界。」

最終，歌中的女主角選擇放手，結束這段因為懂事而委屈求全的糟糕關係，如果你是她，你有足夠的勇氣選擇放手嗎？

有時候，及時止損，學會放棄也是一種真正的高自尊。

## 2.5 拓展：自尊的測量

使用說明：這個量表是用來了解你是怎樣看待自己的。請仔細閱讀下面的句子，選擇最符合你情況的選項。請注意，這裡要回答的是你實際上認為你自己怎樣，而不是回答你認為你應該怎樣。答案無正確與錯誤或好與壞之分，請按照你的真實情況來描述你自己。

- 選項：1 —— 非常符合　2 —— 符合　3 —— 不符合　4 —— 很不符合

1. 我感覺我是一個有價值的人，至少與其他人在同一水準上。
2. 我感覺我有許多好的特質。
3. 歸根究柢，我傾向於覺得自己是一個失敗者。
4. 我能像大多數人一樣把事情做好。
5. 我感覺自己值得自豪的地方不多。
6. 我對自己抱持肯定的態度。
7. 總而言之，我對自己是滿意的。
8. 我希望我能為自己贏得更多尊重。
9. 我的確時常感到自己毫無用處。
10. 我時常認為自己一無是處。

- 計分

　　自尊量表是一種設計用以評定個體關於自我價值和自我接納的總體感受的量表。本量表已被廣泛應用，它簡明、易於評分，是對自己的積極或消極感受的直接評估。

　　對於 1、2、4、6、7、8 題正向計分，非常符合計 4 分，符合計 3 分，不符合計 2 分，很不符合計 1 分。

　　對於 3、5、9、10 題反向計分，非常符合計 1 分，符合計 2 分，不符合計 3 分，很不符合計 4 分。

　　分數越高，自尊程度越高。

　　研究一般認為，25 分以下為低自尊，26 ～ 32 分為中等程度的高自尊，33 分以上為很高的高自尊。

- 解釋

　　是不是自尊分數越高越好呢？

　　低自尊讓我們不快樂，讓我們不能夠勇敢追求自己所愛，但是自尊過高也不大好，這會讓我們充滿攻擊性，缺少對他人的尊重，影響我們的人際交往。

　　所以，自尊適度最好。

　　我很喜歡一句話：我們要有宇宙觀。當你知道你只是宇宙中的一粒塵埃，你更能充滿對世界的敬畏和愛，然後樂天知命、活在當下。

# 第 2 章　擇偶日記

# 第 3 章　脫單說明書

## 3.1　世界孤單，需要一個同類

心理學關鍵字：馬斯洛需求層次理論、愛和歸屬的需求

李白有詩云，「舉杯邀明月，對影成三人」。有人相和，「酒逢知己千杯少」。無人相陪，只能一人飲酒醉。

在你孤單的時刻，你有沒有期盼過一個同類？如果一個人變成兩個人，生活會不會更快樂？

### 脫單為了滿足愛和歸屬的需要

著名的人本心理學家馬斯洛有個著名的需求層次理論。他把人的需求從低到高分為五個等級，分別是「生理需求」、「安全需求」、「愛和歸屬感需求」、「尊重」和「自我實現的需求」。

越往下，需求層次越低，需求的力量越強。譬如生理需求和安全需求。劉慈欣在《流浪地球》中寫到，當人們決定帶著地球逃離太陽系的時候，求生欲壓倒了一切，那個時候，人們對愛情和婚姻的責任感會變得非常薄弱。逃亡時代的人們翻閱太陽時代的前人留下的小說日記，看到人們在愛情中痛不欲生、死去活來感到非常詭異。所以，當人們只能滿足生存需求的時候，個體的感受和對精神世界的追求會被擠壓至最低。

越往上，需求的級別越高。譬如尊重的需求和自我實現的需求。需求層次越往上升，我們越來越活得像個「人」。

在上層需求和下層需求中間還有一個需求承上啟下，非常關鍵，就是愛和歸屬的需求。它既是一種生存需求，也是一種精神需求，力量強大，與幸福感和生活滿意度密切相關。

# 如果可以的話，其實每個人都想脫單

人是社會性動物，我們常常聽到這樣的說法。心理學也提供了可能的解釋：這是人類演化的選擇。

現在請大家在腦海裡設想一幅原始社會的圖卷：人類生活環境惡劣，野獸橫行，疾病肆虐。

這個時候，原始人小 A 出現了，他很冷酷，一個人「孤身獨行」，一個人打獵、覓食，在冷雨裡濕透衣衫，然後抹把眼淚繼續前行。

原始人小 B、小 C 和小 D 出現了，他們發現一個人的時候並不是每次都能找到獵物，他們想了個主意：「組團打怪」。

小 B 身體強壯，負責和野獸正面搏鬥，小 C 和小 D 負責在旁邊吶喊助威，大家吃喝不愁。

小 C 警惕性高，大家睡覺的時候，他負責站崗，大家高枕無憂。

小 D 會燒火做飯，他烤的野兔香噴噴，大家心情愉悅。

這個故事的主角是誰？總之不會是小 A，他單兵作戰，在故事的開頭就會消失在歷史的長河中。身為一個臨時演員，他孤僻冷傲的基因沒有機會遺傳下來。反觀團結一心、個性鮮明的小 B、小 C、小 D，他們更容易挨過漫長的史前黑夜，不僅自己存活下來，也把「合群」和「社交」的基因遺傳下來。

所以，孤僻的人與合群的人相比，在子女繁衍和養育子女上成功率就低得多。這樣生存下來，並且能成功繁衍後代的就是那些「合群」的人。這種環境下，與他人建立穩定持續而充滿關愛的人際關係的個性傾向就具有演化學上的適應意義。

那些有伴的都活下來了，那些單身的都滅絕了。所以，人類的特質也慢慢演化成：十分在乎他人對自己的看法，並極力尋求他人的認同和親密接觸。

 第 3 章　脫單說明書

　　無論這種演化論的假設是否完全正確，毫無疑問今天幾乎所有人都非常關注自己的情感需求。調查顯示，絕大多數單身人士渴望擁有伴侶，只有少數單身者（4% 左右）喜歡一個人的生活。

　　幸福的親密關係是人生值得追尋的目標，如果我們的生命缺乏親密感情，我們就很容易迷失人生的方向。

## 脫單的重大意義

### · 親密關係有利於我們的身心健康

　　親密關係讓我們身體健康。一項對美國 7,000 名成年人做的為期 9 年的追蹤研究發現，已婚者活得最長命，離婚者居中，而從未結婚者活得最短命。如果你問我什麼是人生的成功，長命才是亙久不變的真理。

　　握住愛人的手能減弱人們面對危險情境時的壓力反應，老虎來了、洪水來了，我也不怕！

　　只要看著愛人的照片，疼痛好像也不那麼強烈了，切菜切到手了，第一時間不是去找 OK 繃，而是拿起愛人的照片。哇，傷口不疼了！

　　有人接納和支持我們時，連傷口都可能更快癒合，哇，我居然眼睜睜地看著傷口以肉眼可見的速度癒合，哈哈！

　　親密關係讓我們笑聲朗朗。溫馨提示：以下研究可能會顛覆日常思維。

　　在全世界，那些結了婚的人一般比沒結婚也沒戀愛的人更幸福，這個很好理解。當然，快樂的伴侶比不快樂的伴侶更幸福，這個理所當然。

　　然而，即使伴侶關係並不幸福，大多數有伴的人仍然覺得自己比完全的「孤家寡人」要充實得多。

　　也就是說，幸福的雙人伴侶 90 分，不幸福的雙人伴侶 60 分，但是「單身狗」只有 40 分！（這個研究是赤裸裸的單身歧視！）

其實回頭想想，也許因為有伴，不再是一個人隻身面對大千世界，那一份安心，那一份踏實，本來就是幸福的重要組成部分。

你們聽說過「幸福肥」嗎？很多人結婚以後都會幸福得發胖。我婚後就胖了 10 公斤，別驚訝，我先生胖了 25 公斤！也許是因為安定吧，有了停泊的港灣，安定讓人放心發胖。

- **缺乏親密關係可能會導致各種健康問題**

大學生孤獨無伴時，更易患上感冒。

有首歌曲叫做〈愛是一場重感冒〉，我有個朋友 A，只要耳聞他高燒三天不退，我們這些朋友就知道他又失戀了。

研究發現，那些朋友和愛人都很少的人，比有充滿關愛的親密伴侶的人死亡率要高得多。缺乏親密關係的人的死亡率是正常人的 2 ～ 3 倍。

- **喪失親密關係會增加我們的死亡風險**

老布希去世了，在他去世前的 7 個月，他結髮 73 年的愛妻去世了。我們用「寡居效應」來解釋這個現象。

什麼叫「寡居效應」？

「寡居效應」是指：老年人在喪偶最初幾個月死亡的機率大大增加的現象。也就是說，如果老伴兩個人其中一位去世了，那麼在他（她）去世之後 6 個月內，另一個人去世的可能性比一般有老伴的人還要高 1 倍左右。

這告訴我們什麼道理？

有伴侶不僅能保障我們生活的幸福，還能保障我們身體的健康。

還有，「單身狗」還是有好處的，至少不會有「寡居效應」，因為「單身狗」根本就沒伴侶啊！

## 3.2 脫單指導手冊

心理學關鍵句:「戀愛是一項需要練習和實踐才能提高的技能。」

朋友小 A 告訴我:「我曾經有一個在一起很久的女友,那時候已經到了談婚論嫁的階段。一次爭吵後,她對我說,你不適合結婚,你會孤獨終老的,然後我就好像被下了詛咒一樣,一直單身。」

# 你是哪一款單身類型

## ·  單身怪社會型

研究發現:社會越富足,越能接納單身、包容離婚和支持晚婚,也就是說,支配親密關係的社會規範改變了。

世界經濟發展水準越高,人們變得越獨立。有預測顯示,10 年後,女性會有 30% 單身。

單身不是我的錯,單身必須怪社會,誰叫社會對單身人士這麼寬容。現代城市裡,30 歲不結婚的人一抓一大把,換成 20 年前,誰敢繼續單身啊。30 歲還單身,不被三姑六婆的口水淹死才怪。

## ·  追求自我型

我們對親密關係的期望變高了。對自我越來越重視會讓我們期望從親密關係中獲得更多的快樂和享受,減少不必要的麻煩和付出。

與上一代不同,我們的上一代許多人高中畢業幾年之內就會結婚,無論婚姻幸福與否,他們往往會為了孩子勉強生活在一起。而現在,婚姻更多的時候成為一種選擇(不是必選)。我們如果對婚姻不滿意,會更加勇於結束一段糟糕的夫妻關係,重新追求滿意的親密關係。

曉文老師弦外之音：誰都想找一個樂於付出、勤於奉獻的人結束單身，祝你好運。

- **要求太高型**

「你現在還不找對象是不是要求太高啊？」

「怎麼會呢？我只是想找一個有感覺的啊。」

這個要求實在是太高了。

隨著社交媒體的發展，人們對另一半的要求越來越高，高富帥、白富美，還要有一雙大長腿。

越是長時間沒有接觸和體驗到真實的親密關係，越會讓人對愛情產生不切實際的幻想。

很多女孩跟我說，她們希望老公長得帥，又體貼，事業不錯，還要浪漫，要有生活情趣，當然有房有車是基本條件……嘿，知道妳單身的原因了吧。

曉文老師弦外之音：不如妳還是繼續追星吧，想要誰是老公誰就是老公，還可以隨時換一個老公。

- **死循環型**

單身越久，脫單越難。

有個朋友對我說：缺乏戀愛技能和沒有女朋友是個死循環。我缺乏戀愛技能，就一直找不到女朋友，沒有女朋友，就一直缺乏戀愛技能，就只能一直單身，生命不息，循環不止。

心理學研究表明：長期單身會讓人喪失一些處理親密關係的能力，雖然愛人是人類的本能，但戀愛的確是一項需要練習和實踐才能提高的技能。

當你單身兩年後，單身就會變成你的舒適圈。單身越久，越習慣單身，越不願改變。人們總是害怕改變現狀帶來的不確定和風險。

此時，你會為不能脫單找各種理由：

為什麼要脫單呢？不受束縛不是更快樂嗎？

現在離婚率那麼高……

萬一被拒絕怎麼辦……

我真的不知道女生都在想什麼……

女人只喜歡有錢的，等我有錢了，女人就會前仆後繼……

## 別自卑，單身現在是世界性難題

從人口統計學看，現在單身的人士比以往任何時候都多，單身已經成為一種社會問題。

美國 2017 年人口調查顯示：美國成年人中超過 1.1 億的居民離婚或者單身，占 18 歲以上的 45%。日本數據顯示：在 2015 年，平均 4 個男人中就有 1 個沒有結過婚，女人則是每 7 個人中就有 1 個「終生未婚」。日本獨居家庭達到 32.5%，占日本家庭的 1/3。

根據臺灣主計處 2020 年數據，30 ～ 34 歲男性未婚率為 64.3%、同齡女性未婚率為 49.7%、35 ～ 39 歲男性未婚率為 42.2%、女性為 29.1%。跟 10 年前的不同在於，未婚率上升超過 10%，且男性未婚率還比女性高。「為什麼臺灣 30、40 歲的單身男女越來越多？」

心理學家研究 78 個國家半個世紀的數據（1960 ～ 2011 年）顯示：有 83% 的國家，單身人數正在不斷增多。越來越多的人認為結婚不是成年人的重要指標，反倒是「完成正規教育」和「有一個全職工作」是成年人的重要指標，婚姻不再被當作成年的關鍵部分。

# 脫單的小建議

- ### 建議 1：放輕鬆，地球上適合你的伴侶有至少 70 萬人

  這裡說的 70 萬人是心理學家透過計算和統計得出的數據。這意味著，這個世界上適合你的其實不一定是那一個人，更有可能是那一群人。

  我們總以為自己的真命天子就是那千千萬萬人中的唯一。但事實上，我們的真命天子極有可能就有千千萬萬個。

  所以，與其為自己設置太多條件，最後無疾而終，不如認定一個他（她）好好經營。你只要知道兩點即可：

  你最想要的是什麼？帥（漂亮）！

  你最不能接受的是什麼？懶！

  那麼所有長相不錯、不太懶的適齡青年都是可以嘗試認識一下的，不是嗎？

- ### 建議 2：付諸行動，你至少必須遇到那 70 萬人中的某一個

  愛情不是等來的。心理學家哈德遜的研究顯示：如果你非常強烈地希望改變自己，但僅僅停留在目標的層面上，而不去執行和實現，這樣反而會降低生活的幸福感。

  也就是說，如果你只是把「我要脫單」天天掛在嘴邊，而從不去社交、不去行動的話，那還不如你放棄脫單的幻想，就心甘情願地做一隻「單身狗」，這樣會更快樂。

## 3.3　你為什麼這麼孬

心理學關鍵字：羞怯

問題：如果你碰到心儀的對象，你開口的第一句話是什麼？

回答：「敵不動，我不動。」我猜我都不敢說話，只敢靜靜地看。自己在心裡有無數種開場白，現實中卻不敢表達。對我來說，「不了了之」比起劈頭就表達出我的喜歡還要好得多。上課的時候，後排的女孩吸了兩節課的鼻子，我都沒鼓起勇氣給她一張衛生紙。啊，為什麼我這麼孬！

此時的孬，心理學有個專業表達 —— 羞怯。

羞怯是指在社交情境下沉默寡言和抑制行為結合緊張不安的症候群。我們用兩個平易近人的詞來理解它，羞怯＝害羞＋膽怯。

## 我們為什麼這麼容易「害羞」

在與他人交往時，你是否會感到焦慮和拘束，擔心別人對你的評價，交談時覺得自己拙於言詞？

大多數人都會這樣。80% 的人都曾體驗過羞怯。尤其是我們都曾經歷過那個不夠自信、靦腆害羞的青春時代。

當我們置身於陌生的環境，第一次見到有魅力、社交地位高的陌生人時，很容易感到羞怯。而我們在熟悉的環境中與老朋友交往，則會覺得非常自然和放鬆。

有些人會更容易或者頻繁地體驗到羞怯，他們的核心特點就是特別害怕別人的負面看法。一想到別人討厭自己就坐立不安，一想到別人的輕視和嘲笑就驚慌失措。

當受到他人攻擊的時候，他們更傾向於懷疑自我，在與人交往的過程中，他們很容易產生社交恐懼，常常迴避與人交往。

這將導致人際交往的惡性循環：你越羞怯、越寡言，別人越覺得你冷漠、孤僻、不友好。別人的壞印象會讓你自我評價更低，更加迴避社交，更加羞怯。

如果一個羞怯的男孩發現有個漂亮的女孩在注視著自己，他不會回望與之對視，更不會微笑問好，相反地，他會躲避眼神，一言不發。

漂亮女孩很失落：「他肯定對我沒什麼興趣。」

羞怯男孩更失落：「我為什麼要閃躲，她現在可能更不想理我了。」

美麗的故事還沒有開始就落幕了。

心理學發現：無論你在感到羞怯的時候心裡是怎麼想的，只要你膽怯畏縮，就會在人前留下壞印象。

## 我們為什麼這麼不願意主動 —— 你在怕什麼

如果害羞是我們碰到心儀異性的本能反應，那麼膽怯呢，我們到底在害怕什麼？

回答 1：我怕一開口，朋友都沒得做。

回答 2：她拒絕我，我就沒了面子。

回答 3：開口說得不好，她對我印象差怎麼辦？

注意這三句話，核心都是「我」的感受：我失去朋友，我沒面子，我留下壞印象。

我的老師曾告訴我，如果最近你說話常常都以「我」開頭，總在描述和強調自己的感受，你可能需要反思一下，你這種生活狀態可能不妥。

心理學把這種狀態叫做自我意識過剩。換句話說就是：內心戲太多，偶像包袱過重。

你無比強烈地感覺到自己的存在，覺得自己就是明星，在舞臺中心表演，自己是全場的焦點，所有人都在盯著你的一舉一動。

自我意識過剩很容易出現在青春期，但是青春期後如果你依然滿腦子都是「我我我」，那麼你就可能需要調整心態。自我意識過剩是一種不那麼健康和成熟的自我狀態。

自我意識過剩的人很容易產生尷尬、羞恥、退縮，他們經常會感到：

天啊，別人會覺得世界上怎麼有我這麼蠢的人！

哇，我剛才丟臉丟到了宇宙中心！

我想，你這種「站在宇宙世界中心呼喚愛」的方式可以暫停一下：你真的 —— 沒有 —— 那麼 —— 重要！大家 —— 真的 —— 沒有 —— 都在 —— 看你！

太把自己當回事，經常做不了好事。

做大事的人都把自我放得很低，看看大企業的「小名字」，「微軟」、「小米」，又是「微」又是「小」，越是把自己放低放小，越能擁有一個大大的世界。

## 主動是一項可以習得的技能，示愛是人生值得主動的事

你們發現了嗎？隨著年齡和閱歷的增長，我們中間有相當一部分人自然而然地逐漸克服了羞怯，變得主動積極，做事乾脆俐落，不拖泥帶水。其實，根本不用接受什麼訓練，只要放鬆心情，不那麼擔心別人的評判，就可以表現得坦蕩豁達。

所以，主動是一項可以學會的技能，而示愛更是人生值得主動的事情。

最後，我們來討論這個話題：如果你是女孩，你喜歡上一個極度被動的男孩，你會主動嗎？

啊，女人主動，多落漆啊。

媽媽告訴我女人要矜持。

他是男人他為什麼不主動，那肯定是他不夠愛我啊。

其實，如果你真的喜歡上一個極度被動的男生，我建議你可以考慮承擔主動的那個角色。當然我也不是讓你「餓狼撲食」地衝上去說：「老娘就是喜歡你！」這是極度的主動。但是你也不能把希望全部寄託在他開口表達，你可能等成老姑婆了，他還縮在自己的「龜殼」中。

「絕對主動」和「絕對被動」中間還有處在灰色地帶的主動，成年人做事就是要講究策略。你可以選擇一種適度的主動，比如用你的大眼睛「電」他，男人這種動物，很容易想歪的。如果你總是雙眼亮晶晶地看他，每天對他微微一笑，對他溫言細語，他再不抓準時機，這男人沒救了，放棄他吧。

你都往前 90 步了，後面 10 步總要留給他。

所以，各位害羞的女性和男性，放下你們的偶像包袱，放輕鬆，別那麼在意別人的眼光，要勇於釋放訊號。

畢竟，如果愛情都不能讓你主動，這個世界上還有什麼事值得你主動爭取呢？

## 3.4 為什麼開口的第一句話用幽默的方式不妥

**心理學關鍵字：搭訕、幽默開場白、中性開場白**

問題：對於女性來講，什麼樣的搭訕方式更易於接受呢？

以下是三種方式的開場白。

幽默的開場白：

「你有打火機嗎？」

「沒有啊。」

「那你為何能點燃我的心？」

「這附近有機場嗎？看見你我的心就要起飛了。」

中性的開場白：

「嗨！」

「你好！」

「最近還好吧？」

忠實地表達興趣的開場白：

「我有點尷尬，但我真想認識你。」

「我注意你好久了，你的眼睛真好看。」

## 你選哪種開場白

你們覺得哪種最好？哪種糟糕？很多男生都迫不及待地選了第一種，因為人們普遍認為幽默的試探是不錯的開場白，很多《約會大全》這類書籍也常常建議男士使用各種幽默或者浮誇的方式來開場。但是效果真的好嗎？我們來看一個實例。

我在學校上「愛情心理學」最後一堂課的時候，給了全班同學一個機會，我告訴同學們如果這個課堂上有你喜歡的人，你現在就可以開口說出來。

我話音剛落，一個男孩滿臉通紅，勇敢站起來，說他有句話要對坐在第一排的女同學說，看來之前已經憋了很久。

我讓那個女孩站起來和男孩面對面，給勇敢的人一個機會。

男孩：我選這個課是因為曉文老師很可愛（我都一把年紀了，你們不能換個詞嗎？）但是我居然發現一個比曉文老師更可愛的人出現了，就是妳……

女孩打斷：我不喜歡你這樣說曉文老師，我不喜歡你透過貶低曉文老師的方式來抬舉我，我非常非常喜歡曉文老師……

哈哈哈哈，我在講臺上肚子都笑痛了。

這個男孩開口第一句話問題在哪裡？

他想說一句金光閃閃的大話來吸引心上人，他太想表達這個女性在他心中至高無上、獨一無二的地位，不惜用貶低其他女性（本人我）來抬高他的心上人，結果弄巧成拙。

聽完了我的實例，你可能會狡辯，不對啊，《約會大全》說搭訕的第一句話就要火力全開，全面展現男人魅力啊。

是這樣的，《約會大全》這些書一般都是男人寫的。如果女人在酒吧向男人說一句幽默的開場白，90% 的可能會得到積極的回應。

實際上，女人說出任何一種開場白對男人效果都很好（女追男，隔層紗），實驗甚至發現女人只要說聲「嗨」就能搭訕成功，因為男人喜歡女性主動示好。

如果你還在猶豫，我決定用實驗數據說話。一項實驗研究仔細比較了三種不同的開場白效果，即幽默的開場白、中性的開場白和忠實表達興趣的開場白，一群女性做出了判斷：她們最不喜歡的是幽默的開場白。如果一名男性在酒吧使用中性或者直接的開場白，有 70% 的可能得到女性的肯定回應，而幽默式開場白的成功率只有不到 30%。

## 搭訕小技巧

· **搭訕原則 1：開口的第一句話用幽默的方式不妥當**

幽默是一種強者的姿態。因為幽默的前提就是要放鬆，而面對心儀的對象開口的第一句話是很難放鬆的，你準備的任何一句金光閃閃的開場白都很容易

成為炮灰，簡單地問聲好才可能是最聰明、最不矯飾的技巧。高明的搭訕是潤物細無聲的，說的都是最簡單、最自然的語言，讓她感覺不到你正在搭訕，只感覺到你的真誠。然後，自然而然、靜悄悄地走進她的內心。很簡單，當女性認識你，了解你，喜歡你以後，你的幽默就是錦上添花，是生活情趣。

　　當女性不認識你，不了解你，沒有認可你時，你的幽默就是譁眾取寵。所以，當你準備好幽默的第一句，請你悄悄地把它吞回去。

- **搭訕原則 2：第一時間開口**

　　在遇到心儀的異性時，幾乎是在彼此眼神對視的第一時間，就應該開口說話。

　　例如，你乘電梯的時候遇到一個可愛的女性，目光接觸第一刻，微笑點頭致意：「妳好，妳去幾樓？」

　　第一時間把話題展開，不要等到 12 樓，女性都準備下電梯了，你才來一句：「等一下。」

　　通常視線接觸後第一時間開口的人被認為是熱情、開朗、大方的人，比較容易讓人卸下心裡的防備。

　　「搭訕」在心理學裡不是一個壞詞，是一種主動的行為，主動的人更容易結交朋友，追求伴侶。主動的人，他們的人生獲得幸福和成功的機會高得多。

　　搭訕能反映一個人內心的開放程度，而且搭訕也是一項可以習得的技能。

- **搭訕原則 3：聊第三方，問最容易回答的問題，請別人幫個小忙**

　　剛開始聊天，不要抓著對方本人狂聊：

　　妳是哪裡人？

　　妳讀什麼學校？

妳週末喜歡做什麼？小姐妳先不要跑，我真的不是推銷保險的。

不要聊對方本人，這會增加對方的緊張感，降低成功率。

搭訕時，第一句話，除了說「你好」外，多數情況下是以問句開始的，這樣才會有溝通互動。而且，要問別人最容易回答的問題：

妳好，妳認識妳系上的曉文老師嗎？

那個總愛笑的，她也教你心理學？

我很喜歡她的課，我們以後一起去上她的課如何？

上課的時候我可以找妳一起去嗎？（或者：她開課的時候妳告訴我一聲可以嗎？）

妳說曉文老師教愛情心理學，她的情感經歷會不會超級豐富，來來來，八卦一下……

怎麼樣，後面 10 步都幫你想好了，還不趕快試一試？

請別人幫個小忙也是非常有效的搭訕方法，這樣能夠有效提升他人的自尊，讓人感覺良好。

來個正確搭訕的優秀示範：

同學 A：和老公第一次講話，是在高中的一次英語競賽的考場，他坐在前面，趁老師不注意，我小聲對他說：「喂，讓我看一下你的第 16 題的單字填空怎麼寫。」

然後呢？

然後就得到了一個正確的答案和一枚老公。

## 3.5　拓展：孤獨的測量

以下是 UCLA 孤獨量表（第 3 版），我們來測量一下我們的孤獨指數。

## 指導法

下列陳述描述了人們當時的感受。請在每句的括號內填上數字以表示你感覺的強度。例子如下：

你是否經常感到快樂？ 如果你從來沒有感到過快樂，你就回答「從未」；如果你總是感到快樂，你就回答「總是」。

| 從未 | 很少 | 有時 | 總是 |
|------|------|------|------|
| 1 | 2 | 3 | 4 |

1. * 你是否經常覺得能與身邊的人「融洽」相處？（　　）

2. 你是否經常覺得缺乏友誼？（　　）

3. 你是否經常覺得求助無門？（　　）

4. 你是否經常覺得自己孤零零？（　　）

5. * 你是否經常覺得自己是朋友圈子中的一員？（　　）

6. * 你是否經常覺得與身邊的人有很多共同點？（　　）

7. 你是否經常覺得不想再親近任何人？（　　）

8. 你是否經常覺得身邊的人並不接納你的興趣和觀點？（　　）

9. * 你是否經常覺得自己外向而友好？（　　）

10.* 你是否經常覺得與人關係親密？（　　）

11.你是否經常覺得被人忽視？（　　）

12.你是否經常覺得與他人的關係沒有意義？（　　）

13.你是否經常覺得沒有人能真正了解你？（　　）

14.你是否經常覺得與人隔絕？（　　）

15.* 你是否經常覺得自己需要時就能找到同伴？（　　）

16.* 你是否經常覺得有人真正理解你？（　　）

17.你是否經常覺得羞怯？（　　）

18.你是否經常覺得身邊的人不願意和你在一起？（　　）

19.* 你是否經常覺得有人可以傾訴？（　　）

20.* 你是否經常覺得有人可以求助？（　　）

# 計算你的得分

請把標示「*」的題目的評分顛倒過來。如果該項你評為 1 則變成 4；2 則變成 3；3 則變成 2；4 則變成 1。然後計算你的評分。

# 分數解釋

年輕男性往往比女性更孤獨，他們的平均得分是 42 分。年輕女性的平均得分是 39 分。男女兩性得分的標準差都是 9.5。所以，如果你的得分等於或大於 53 分，你就比大多數男性更孤獨；如果你的得分等於或大於 49 分，你就比大多數女性更孤獨。如果你的得分等於或小於 31 分，你的孤獨感就比大多數男性更弱；如果你的得分等於或小於 29 分，你的孤獨感就比大多數女性更弱。此外，老年人的平均得分是 32 分。

親愛的讀者們，你的孤獨指數多高呢？

# 第 3 章　脫單說明書

# 第４章　友誼和愛情

## 4.1　永不凋零的「塑膠姐妹花」

心理學關鍵句：朋友遠比我們想像的更重要

與愛情比較，友情也許不夠濃烈，但可能更加綿長。

友誼是我們獲得快樂和支持的泉源。一項針對年輕人的研究發現，超過 1/3 的人（36%）認為友誼是他們目前「最親密、最深刻、投入最多」的人際關係。另一項調查發現，一個人和朋友在一起的時光，比獨自一人或者和家人在一起會享受更多樂趣。

如果只能在朋友和配偶中二選一，朋友帶來的快樂往往比配偶帶來的更多。天啊，聽起來有點不可思議，友誼居然如此重要？

## 朋友往往會影響我們愛情的走向

如何能獲得一個女孩的心？最便捷的辦法，就是先獲得她閨密的心。

如果她的閨密全部都對你投贊成票，恭喜你，你可以開始規劃生幾胎了。你可能會疑惑，朋友真的有如此強大的力量嗎？

首先，朋友極有可能把我們介紹給潛在的對象，並為此奔波忙碌，來幫助我們的新戀情進一步發展。

其次，朋友通常會對我們發展中的戀情投贊成或反對票，他們的看法往往會影響我們的決定。

如果朋友不贊成你們的戀情，戀愛關係就會面臨危險。

一項研究發現：即使年輕的戀人最初對自己的關係滿意，如果他們的朋友投反對票，7 個月後戀人更有可能會分手。

朋友的力量比親生爸媽的力量強多了！

你曾經看過無數爸媽反對孩子的戀愛，孩子們反而愛得更死去活來嗎？當然，那也是一個心理學現象，叫做「羅密歐和茱麗葉效應」。

## 朋友對我們的快樂有著驚人的影響力

一項歷時 30 年的健康研究考察了 12,000 人，發現有快樂朋友的人更容易感到快樂。我們每擁有一個快樂的朋友，自己的快樂機會就會增加 15%。甚至我們朋友的朋友也很重要，我們的朋友每擁有一個快樂的朋友，我們的快樂居然也會增加 10%，即使我們從不相識。這就是傳說中的蝴蝶效應。

想要快樂怎麼辦？結交快樂的朋友。或者，力推所有的朋友出去結交快樂的朋友。快樂原來真的可以傳染。當然，我們每擁有一個不開心的朋友，自己快樂的可能性也會減少 7%。

孤獨更加具有傳染性，你的朋友很孤獨，那麼你變孤獨的可能性會增加 52%。想像一下，你朋友點了一支菸，對著夜空孤獨地吐著煙圈，此時，你或許也會點上另一支菸，為了孤獨乾杯。

更好玩的是，如果我們身邊最親近的朋友長胖了，放心，你有很大機率（57%）也會長胖。體重都不一樣，要怎麼愉快地玩蹺蹺板呢？

所以，如果你真的想減肥，先督促你的好友保持苗條會非常有用。或者多和比你瘦的朋友相處，相信我，你會慢慢變瘦的。因為，生活習慣會傳染。

如果你的三五好友每天邀你一起吃宵夜，鹽酥雞、滷味、啤酒，你真的有辦法抵抗誘惑，保持完美身材？

反正我在深夜的小吃攤上看到一桌一桌的酒肉朋友大多都胖得很團結。

有這樣一種說法來形容朋友：我們是一個罈子裡的醬菜。我們身邊的人聞上去是什麼味道，我們身上就會是什麼味道。

所以，想要自己變成什麼樣的人，最好去交什麼樣的朋友。

多跟比你美的朋友相處，你會更容易變美。

多跟比你開心的朋友相處，你會更容易開心。

在人群中，你不可能完全獨善其身，一定會受到影響，物以類聚、人以群分，人生至理。

## 結婚之後，友誼仍然非常重要

為什麼女人比男人活得長？很重要的一個原因是她在婚後依然擁有閨密。很多人用「塑膠姐妹花」暗示女性友情流於表面，但是你有沒有想過，也許塑膠做的假花更有持久的生命力呀。

如果愛情是需要我們精心呵護培育的鮮花，美麗易謝，那麼友誼可能更像塑膠花，美麗堅固，經久耐用。

研究發現，在婚後擁有友誼，女性的幸福感會增加很多。

從演化心理學的角度來講，女性在遠古時期負責採果和照顧孩子，所以女性的語言功能會更發達，女性更容易建立一個團體去互相傾訴、互相支持。

當女性和閨密一起聊天的時候，她們身體裡會分泌一種叫做催產素的荷爾蒙，讓她們心情愉悅放鬆，她們可以和閨密分享許多不能和伴侶講的話。

閨密是來自人類祖先的饋贈。

友誼與很多美好珍貴的字眼相連。

友誼充滿溫暖。你喜歡我，我欣賞你，和你一起有說不完的話，在你身邊，我能無拘無束地做真實的自己。

友誼可以分享。我把祕密告訴你，你把糗事告訴我，我們分享快樂，共擔痛苦。

友誼需要陪伴。我們幾乎每天都膩在一起，很少分開，我們一起做喜歡做的事，討論感興趣的話題，我們是彼此人生和成長的見證者。

友誼這麼珍貴，但是為什麼在人生的旅途中，我們會慢慢失去一些寶貴的情誼呢？

「小時候我和她好得像親姐妹，每天放學後，我先把她送到她家，她再把我送到我家，我再把她送到她家，來來回回好多趟，一刻也不願分開。現在居然一年、兩年、十年沒有再聯繫。是什麼讓我們走散了呢？」

走散了的友誼，還能重新回來嗎？

友誼又有哪些規則呢？趕快翻開下一頁吧。

## 4.2　為何舊知己變不成老友

心理學關鍵句：友誼的規則─信任、分享、社會支持、應答性。

我們因為互相喜歡、欣賞和擁有共同的興趣而變成了朋友，因為溫情、支持和相互信任而成為好友。

我們每個人都會有一套「人際關係的規則」，我們越是遵守這些規則，我們與朋友的關係就越親近。而一段重要友誼的最終失敗也往往是因為有人違背了這些規則。

今天我們一起來探討一下友誼背後的規則。

## 友誼的規則

· 規則 1 ── 信任

當我們自信地認為朋友真心對我們好，無私為我們考慮的時候，我們就會對他們產生信任。

## 第 4 章　友誼和愛情

　　信任是人與人之間最珍貴的情誼，它需要時間來培育，因為難得，所以珍貴。信任能讓我們相處時輕鬆愉快，不用設防。

　　但是，花費多年才能培育出的信任，一朝就可以覆滅。一旦信任破裂，遭遇過友誼背叛的人，常常很難恢復對朋友的信任。

　　「我曾經那麼信任他，願意把我心底最深的傷口給他看，沒想到他轉身就告訴了別人，太傷人了，我想我很難再相信別人。」

　　相互信任是友誼的第一準則。

## ・　規則 2 ── 分享

　　好友通常會為我們的成功感到欣喜，他們的興奮可以增加我們的歡樂。這在心理學裡叫做資本化。

　　和朋友傾訴痛苦，我們的痛苦會減半；和朋友分享快樂，我們的快樂會加倍。所以，你開心時最想與誰分享，誰就是你的好友。

　　當你成功的時候，人們會投來很多種眼光，羨慕、嫉妒、巴結、高興、無所謂，從這些眼光中，你可以分辨出誰才是真正的朋友。

　　分享是友誼的第二準則。

## ・　規則 3 ── 社會支持

　　朋友不僅和我們分享快樂、幫我們分擔痛苦，他們還幫我們克服困難，他們提供我們強大的社會支持，讓我們感覺有依靠、很安心。

　　在工作中，我們因為失誤被上司狠狠罵了一頓，朋友會說：「你這麼賣力的員工只有白痴才會罵你，沒關係，沒工作了，我養你！」

　　簡單的一句話，我們從朋友那裡得到的社會支持有：

1. 關愛、接納和安慰的情感支持（你很好、很能幹、很賣力，我很認同你。）

2. 共情（上司是「白痴」，你這麼好還批評你。）
3. 金錢之類的物質支持（「我養你」都說出口了，多感人啊。）

　　在生活中，當我們遭遇了壞男人，被騙錢、騙感情，失聲痛哭的時候，朋友給我們溫暖的擁抱，陪我們去買醉，等我們緩過來的時候，手機突然收到好友的訊息：這裡有份曉文老師的課程送給你 —— 「防渣男／渣女指導手冊」。多貼心！

　　我們來看看，這裡面包含的社會支持基本上有：

1. 擁抱之類的身體安慰（有時候，一個擁抱勝所有。）
2. 艱難時刻的陪伴（陪你買醉，陪你又哭、又笑、又鬧。）
3. 資訊、指導之類的建議支持（這樣的朋友我想要一百個也不過分吧！）

## 誰是我們最好的朋友

　　想想你最好的朋友，他哪點讓你最喜愛？

　　最好的朋友通常是最好的支持者。最好的支持，通常契合我們的需求和偏好。並非所有的社會支持都完全對人有益，相反地，「幫助」有時候反而影響到我們的自尊，顯得自己冒冒失失。比如，為了胖胖的「非孕婦」讓座，真是令人十分尷尬。

　　有時候，幫助朋友最好的方法就是默默地提供支持，而不增加對方的心理負擔。

　　什麼樣的愛是最好的愛？愛人或者親人所需要的愛。

　　什麼樣的支持是最好的支持？朋友最需要的支持。

　　有個研究結果很有意思：長期來看，真正起作用的並非朋友某個具體的幫助行為，而是我們對朋友幫助行為的認知。也就是說，我們感覺從朋友那裡得到的支持，比實際得到客觀的援助更重要。

如果我現在想聽好聽的話，你就說好聽的話給我聽。

如果我現在需要的是一個擁抱，你就抱抱我。

如果我現在需要瘋狂地吐槽，你就借給我一對耐心傾聽的耳朵。

這就是最好的朋友。

有的人喜歡在朋友失意的時候給出自以為是的建議。

「我當時就說這個男的不行，妳就是不聽，現在自食惡果了吧！」

「你的上司你跟他吵什麼，他說什麼你就聽啊，怎麼吵都是輸！」

長此以往，我想你很快就會失去僅有的幾個朋友。

最好的朋友也是最多的應答者。

此時要提到友誼中重要的成分：應答性，也就是回應。

回應這件事太重要了。有時候比客觀的事情本身還重要。

想想你在 IG 發了一個得意的內容，等他人點讚的焦急心情和突然收到幾百個讚時飆升的腎上腺素。

很多人都在默默等讚，他們需要回應。

很多人都在默默按讚，他們是朋友。

被回應的感覺真的太美妙了。被傾聽、被捧場，朋友的熱情支持讓我們好心情飛上天，回應對我們來說非常具有獎賞價值，能夠有效提升我們的自尊。

## 為何舊知己變不成老友

我們喜歡那些能夠提升我們自我價值感的人。所以，相反地，那些嘲諷我們的，漠視我們的，打著「我就是為你好」的旗號明目張膽貶低我們的，在我們危難的時候袖手旁觀的人，不論我們一起度過多麼漫長難忘的歲月，這些人最終會從我們的朋友名單裡消失。

他們正在自知或者不自知地傷害我們，卻還在做無謂的解釋或者甚至暗虧：

我是開玩笑的 —— 我不喜歡隨便亂開玩笑。

我就是說話直接 —— 你不會講話可以閉嘴。

欸，你不會連這種玩笑都開不起吧 —— 是的，我就是開不起。

欸，你以前不是這個樣子，你變了 —— 是的，我成熟了，不是原來那個傻瓜了。

以前我讀過一段文字，大致是這樣的：

年少時候的友情就像走在寬廣大道上，大家結伴而行，嬉戲打鬧，奔跑追逐。長大後的友情，我們走上了獨屬於自己的人生道路，我們走到了岔路口、走到了小樹林、走到了灌木叢，這個時候，很多老友都會從我們的生命中離去，再熱鬧的好戲也會散場。

命裡有時終須有，命裡無時莫強求。

人生就像浮雲，聚了又散。

但是，也許有那麼一兩個朋友，一直緊緊相伴，不離不棄。

又或許是你穿過荊棘滿地的雜草地，在小徑的某個路口，遇到一起前行的新同伴。握住他們的手，相視一笑，哦，朋友！

祝福大家的人生一直有好友相伴。

## 4.3　女人的友誼面對面，男人的友誼肩並肩

### 心理學關鍵字：友誼的差異

在所有描繪友誼的歌曲中，我最愛的便是肥媽 Maria 演繹的〈友誼之光〉，這是香港傳奇電影《監獄風雲》的主題曲。

記得電影裡，周潤發和他的同伴逃出了不見天日的監獄，他們爭先恐後地跳入林間小溪，迎著燦爛的陽光，呼吸著新鮮的空氣，自由暢快地游泳嬉鬧。

## 第 4 章　友誼和愛情

　　那一刻〈友誼之光〉的旋律響起:「今天且有暫別,他朝也定能聚首,縱使不能會面,始終也是朋友。」

　　Maria 高亢嘶啞的聲音如亂石穿空,驚濤拍岸,肝膽相照的男兒豪情如閃電般擊中了我幼小的心靈,至今難忘。

# 友誼的性別差異

　　《華燈初上》中的羅雨儂和蘇慶儀是閨中密友,她們就像連體嬰,一個星期見不到彼此,就覺得心裡發慌,兩天沒有和對方講話,就覺得渾身不自在,她們見面的時候,聊一整天也不會厭煩,她們不能見面的時候,電話聊天也能一次聊 3 個小時。她們分享工作、生活、戀愛、家庭的各種祕密。羅雨儂和蘇慶儀覺得,她們了解彼此的一切,她們離不開彼此,她們會是一生的好友。

　　陳雷和張偉有著兄弟般的交情,他們學生時代常常一起玩電腦遊戲,兩人一個負責進攻,一個負責防守,配合得天衣無縫。工作後,他們常常一起聚會,聚會場所包括麻將桌、籃球場和各種飯局,大家有了賺錢的機會也會互相分享和關照,陳雷和張偉覺得他們是最要好的朋友。

　　這兩種友誼合理嗎?聽上去不錯。

　　大量研究表明,女性的友誼以情感分享(emotional sharing)和自我表露為主,情感分享得越多,坦露的心聲越多,感情越深厚。

　　「妳是我最好的朋友,所以我告訴妳我藏得最深的祕密。」

　　而男性的友誼則是圍繞著「共同活動」展開的,一起同過窗,一起「扛過槍」。

　　曾經有這樣的一句話:「女性的友誼面對面,男性的友誼肩並肩。」

　　女人之間的友誼主要來自「嘰嘰喳喳」的交談,而男人的友誼則建立在「嘻嘻哈哈」的玩耍上。其實女性也和男性一樣喜歡與朋友進行愉快的活

動，但是，男性的確不願意和朋友分享他們的情感和恐懼。所以，「情感分享」這一特徵的確能夠有效地區分男女之間的友誼。

相較於男性，女性在友誼的獲取上絕對是有優勢的。

首先，女性朋友之間能聊的內容更多，內容更深入。

女性能聊更多的人際關係和私人問題，而男性一般只能聊聊社會新聞、球賽等。其次，女性在友誼中比男性表現出更多的愛意和溫情。女性本來就是溫暖的代名詞。一個家只要有個媽媽、有個妻子，就會覺得好溫暖。

女性給予朋友的情感支持多於男性。這與男性的表達力比較低是密切相關的。當男人都拒絕表露脆弱，讓我們都誤以為你很堅強，怎麼給你支持呢？

總而言之，女性的友誼往往比男性的友誼更加緊密，但男性的友誼往往比女性的友誼更長久。女性的友誼因為分享了太多私人祕密，所以更容易翻臉：我掌握了妳很多祕密，我就擁有了更多可能傷害妳的機會。

而男人之間的友誼更強調君子之交淡如水，平時看似沒有那麼緊密，關鍵的時候會拔刀相助、鼎力支持。

為什麼男性的友誼不如女性的友誼那麼親密？

為什麼女性的友誼不如男性的友誼那麼牢固？

是他（她）們不能嗎？還是他（她）們不願意？

設想一個畫面，如果「塑膠姐妹花」不僅能面對面相互傾訴，還能肩並肩共同作戰；如果「塑膠姐妹花」不僅能分享祕密，還能忠誠地為對方保守祕密，那麼，「鋼鐵姐妹花」誕生了！

如果男人與男人之間不僅能肩並肩互相支援，也能面對面坦露自己，「男人哭吧不是罪」，勇敢面對自己的脆弱和情感需求。這樣的世界，也許會是更加美好的人間。

## 第 4 章　友誼和愛情

# 友誼的個體差異

除了性別差異，友誼也具備個體差異。

有的人的交友天賦好像與生俱來，走到哪裡都能輕鬆地結交朋友。

還有一種人，他們很難交朋友，但是如果交到一個朋友，兩人的友誼可以持續很久。

你是哪一種人呢？

心理學概念登場：「自我監控」，自我監控是印象管理中的一個重要概念。

自我監控能力高的人很像變色龍，他們可以根據環境調整自己的言行和狀態。他們對社會環境給予的線索相當敏感，知道自己在不同的環境下應該做什麼，有能力，並且也樂於調整自己的行為，以適應各種情境下的不同規範。

而自我監控能力低的人不太在乎社會規範、缺少變通、應變能力差，所以，他在所有的情境下都堅持自我，表現出一致的自我形象。這兩種人，誰會擁有更多的朋友？

答案當然是自我監控能力高的人。一方面，他們擅長搭訕，高超的印象管理能力讓他們能夠和形形色色的人輕鬆自如地交往。

但另一方面，每個人精力有限，因此他們在每個朋友身上花的時間更少，他們的人際投入更小，人際關係維持時間更短。

在人際關係剛開始的時候，高自我監控的人享有社交優勢，但是在關係穩固的後期可能會變成障礙。

這兩種人誰能擁有更深刻的友情呢？

答案通常是那些自我監控能力低的人，他們的確不夠靈活，不會變通，他們好不容易交到一兩個好友，就一股腦地把友情維持到底，最終更有可能獲得相對滿意且深刻的友誼。

人生得一知己足矣。

# 友誼的年齡差異

我們友誼的形式會隨著年齡的增長不斷變化。

我們的友誼從兒童期開始萌芽。在兒童階段，友誼的關鍵表現為接納。這個時候，同伴的接納非常重要，那些不被同伴充分接納的兒童就會深深感到孤獨。此時他們受到的孤立和排斥，可能會導致其成長後期各種心理障礙和行為問題。

當我們進入青春期，友誼的關鍵發展為親密的需要，我們開始關注那些和我們有共同興趣的年紀相當的人。這個時候，隨著觀點的認同，同理心的發展，利他主義的出現，真正深刻的友誼正式登臺。

從某種程度上講，兒童期和青春期成功的人際關係，為成年階段親密關係的美好結果打下了堅實的基礎。

到了成年期（20歲左右），根據人格心理學家艾瑞克森的觀點，該時期的核心任務是解決親密對孤獨的衝突。正是在這個階段，我們開始學習怎麼建立持久的、忠誠的親密關係。

人到中年開始投身於家庭，社交活動的重點從個人的朋友轉移到家庭和夫妻共同朋友上。事實上，如果夫妻之間沒有共同的朋友，婚姻通常會很艱難。

到了老年，我們的社交圈會更小，朋友也會更少。我們的社交目標更傾向指向現在而不是未來。

老年人更注重滿足自己的情感需求，更注重精選出來的深厚友情，而選擇讓普通的朋友關係自然消失。老年人不再在意酒肉朋友，或者那些因為利益來又因利益散的表面友情。

相較於年輕人來說，老年人更加活在當下，享受此刻。

## 4.4　友情以上，戀人未滿

心理學關鍵句：男人和女人能成為密友嗎？

問題：男人和女人能成為密友嗎？

回答 1：朋友有可能，密友太難了，除非我們都變得又老又醜。

回答 2：當然可以，男女間當然有「純友誼」。

你的答案呢？

## 男女之間會有純友誼嗎

首先，男人和女人之間常常能成為異性密友。回想你的青春時代，大多人都有幾個異性好朋友，對吧？

這種朋友關係在中學、大學時代司空見慣，但是一旦離開校園，大多數人不會再維持親密的異性友誼。

這中間發生了什麼嗎？

其實男女最初成為朋友的原因和他們與同性成為朋友一樣，都是因為信任、社會支持、溫情和陪伴。我交了一個好朋友，這個朋友恰好是異性，很正常，這個世界有一半人是異性啊。

況且，我們在異性好友身上能得到很多同性朋友身上沒有的東西。有時候，我們能從異性好友那裡獲得和學到更多。

我是個女孩，我擁有三五個男性好友，我會從他們身上感受到更多的手足情誼。可以粗魯地講話，可以豪邁地喝酒，可以不用擔心哪句話讓誰不高興，畢竟這個世界最難得罪的就是一個直男朋友。這種友誼簡單明瞭、直接爽快，讓人感覺很放鬆、很快樂。有研究發現年少時擁有許多異性好友的女孩，年長後更容易決策果斷、處事俐落，職場發展更加順遂。

我是個男孩，我擁有三五個女性好友，我真是太幸福了。女孩的善解人意讓我如沐春風，相較於其他「鋼鐵直男」，我擁有了可以傾訴自我的渠道，有效幫我緩解了壓力、減輕了焦慮。慢慢地，透過和我的異性好友相處，我可能會變成一個更有同理心，更加懂得體諒他人的好男人。

當然，不是所有的人都能夠擁有異性好友。這分幸運只屬於一部分人。

一般來說，豪爽一點的女孩更容易擁有男性好友，溫柔一點的男孩更容易結交女性密友，因為人際吸引的本質是同類相吸。

所以說，男女之間是絕對可以存在純潔友情的，有一種關係，叫做男女的「純友誼」。

## 該不該從友情跨越到愛情

當然，只停留在第一步，自然是極美的。

但是，如果這兩位其中之一心裡泛起了漣漪：「我一直沒把她當女人，就是當兄弟，可是那一次她哭了，看著她眼淚汪汪的樣子，我居然心裡很不舒服，想把惹她傷心的人狠揍一頓，想為她擦去眼淚，讓她從此不再傷心！」

此時，是把愛情的小芽扼殺在搖籃裡，還是讓革命友誼就此昇華？

事情開始變得好玩了。

友誼通常沒有排他性，友誼經常可以多人行，友誼也沒有性含義，友誼是平等的夥伴關係。

但是世界上更有可能發生的事是感情的不同步。

我還對你念念不忘，你卻已經另有新歡。

我只想和你玩遊戲，你腦海裡浮現的卻是我們婚禮的畫面！

異性友誼的重大考驗在於，隨著時間的推移，兩人關係越來越好、越來越親密。這個時候，有一方（通常是男方）腦洞開了，我們有沒有可能更進一步呢？畢竟，我們關係這麼好了，了解這麼深，她會不會也想和我滾床單

（注意這個「也」字）？

　　男性比女性更可能認為一段關係中發生性事是個好主意，畢竟據說他們腦子裡每 8 秒鐘就會閃現一次與性相關的內容。

　　男性也通常會認為女性朋友對性事的興趣往往會超出實際。

　　沒錯，男人容易想多而且容易想歪。

　　而女性通常會低估男性朋友想和她滾床單的意願程度。「怎麼會呢？我們是好兄弟啊！」

　　不如我們猜一猜故事的結局。

　　當然，大多數異性純友誼不會帶有性的色彩，多數情況下，人們不會把異性友誼轉變為愛情，他們會盡力保持這種柏拉圖式的夥伴關係。

　　原因有三：

1. 缺少性的慾望與衝動。

　　我和你肩並肩玩遊戲很開心，但是如果要我和你手拉手談戀愛，感覺有點怪。

2. ①沒有足夠強的意願。兩個人感覺都不錯，但當時年紀輕，沒去多想。②太懶。想了也沒做，對社會缺乏足夠的認知。我怎麼知道出了學校之後找另一半那麼難！只能怨自己不夠聰明。

3. 最重要的原因是：有時候，人們不願意冒著失去有價值的人際關係的風險，把異性友誼轉變為愛情，也就是「不夠勇敢」。

　　一項調查顯示，許多男性和女性都非常討厭自己的異性友誼中出現「性張力」。雙方會覺得尷尬，覺得不舒服，覺得破壞了友誼的單純。

　　朋友小 A：和她做朋友真的很開心，如果我們能發展為戀人固然很好，但是我更害怕沒有成功而失去寶貴的友誼。

　　朋友小 B：我們的友情一直處於非常微妙的階段，可能就是友情以上、

戀人未滿吧。我常常覺得和對方之間只差一層「窗戶紙」了，但是誰也沒有捅破，當我鼓起勇氣想要告白的時候，卻聽說他最近和某個女孩走得很近，我就膽怯了。有一次幾年沒見，他從外縣市來看我，雙眼亮晶晶的，我感覺到他一定有話要告訴我，但那時我剛剛談戀愛，所以他什麼也沒說。就這樣我們兩個完美地避開了所有可以發展成戀人的可能。

## 異性友誼的障礙：婚姻

已婚的夫婦不可能像單身男女那樣擁有親密的異性友誼。

如果你的異性朋友和其他人戀愛或者結婚了，或者你戀愛結婚了，那麼你們的異性友誼將很難處理。

異性朋友更有可能被配偶認為是潛在的情敵，所以已婚人士通常會跟異性朋友保持距離，這是成年人應該具備的「得體」。

網路上也有類似的橋段：不要讓老公擁有紅顏知己，紅著紅著你就黃了，也不要讓老婆結交「藍顏知己」，藍著藍著你就綠了。

其實不僅對於異性朋友，戀愛和婚姻本來就對所有的友誼都有考驗。

當我們有了戀人或者伴侶時，我們與家人和朋友相處的時間會減少，這時候會發生「二元退縮」現象，即我們與愛人見面的次數越多，與朋友相處的機會就會越少。

這種情況在生活中太常見了。

一個人戀愛了，從此寢室再也見不到他的身影，「一戀愛就沒朋友」，「重色輕友」。

調查發現：當人們沒有戀人的時候，一天到晚除了睡覺恨不得都和朋友廝混在一起。當人們剛剛開始和戀人約會的時候，平均每天和好友相處的時間為 2 小時，但是一旦熱戀或者結婚後每天見朋友的時間是 —— 你確定你每天還能見到朋友？

好可惜，友誼也很寶貴，怎麼辦呢？

前幾天，有個好友跟我說：曉文，我覺得妳有句話說得對，找個妳最好的異性朋友當老公，雙方有著共同的興趣愛好和共同語言，感覺真的不錯。

我什麼時候講過這樣的話？但是看她現在這麼幸福快樂，我就勉強承認這句話是我說的好了。

如果你想婚後依然擁有一段令人滿意的異性友情，此處我有兩點建議。

- **趁單身多發展異性友情**

這絕對是單身福利，如果可能的話，把你最好的異性朋友直接發展成親密伴侶，從親密友人到親密伴侶，豈不快哉？

- **把你的老公或者老婆發展成你最好的朋友**

畢竟，一輩子那麼長，如果不是好朋友，沒有那麼多話可以講，漫長歲月如何打發？

你有異性好友嗎？

你們現在是純友誼嗎？

想不想來個跨越式發展呢？

還是就這樣保持現狀就很好？

來，說出你的故事！

## 4.5　拓展：回憶一個我的異性好友

以下內容，我要介紹一下夏哥。

夏哥是和我同一個指導教授的學姊，碩博連讀，目前博士三年級。之所以稱她為「哥」是因為她做事豪邁又帶有點潑辣和霸道。「哥」字僅指行事

作風，不指外貌。事實上，夏哥的外貌在理工大學女生中可說是出類拔萃。一百七十公分的高個子，膚白貌美。夏哥一向素顏，和她共事的這一年，我從沒見她化過妝。我這裡說的化妝是指面部肌膚和頸部肌膚不是一個顏色，以及畫眼線和塗口紅，這是我所能辨認的化妝。直到有一次，夏哥手上沾了點膠水，她說回去可以用卸妝水擦掉，我當時用一種驚訝得像發現外星生物的眼神看著她，心想：「夏哥妳竟然有卸妝水？妳的卸妝水是用來卸防曬霜的嗎？」（我對化妝這件事沒有任何個人評價，僅僅是為了說明夏哥幾乎不化妝。）

夏哥的外貌僅僅是她一個很大的加分項，她的履歷更帶著一點傳奇色彩。她小學時是羽球校隊隊員，現在她也是系上羽球隊的主力。她大二時參加「挑戰盃」大學生課外學術科技作品競賽拿了冠軍，大學期間成績年級第一，博士期間每年都獲得「獎學金」。

夏哥大學畢業時，完全可以憑藉成績保送到最頂尖的學校繼續讀原科系的碩士班，那一屆的年級第二和第三都去了那裡。夏哥因為大學時跟著我們現在的指導教授做過研究，所以選擇留在了本校。

四年前，我大一，夏哥大四。學院舉辦了大學生「挑戰盃」經驗分享交流會，夏哥受邀參加。那時候，我坐在觀眾席上遠遠地看著頭上戴著「挑戰盃」冠軍光環的夏哥在臺上演講，那時的我就已經被夏哥迷住了。

指導教授手下的碩士生加博士生一共有 22 人。平時老師學院裡的行政事務還有研究項目上的事情很多，沒有時間照顧到手下的每一個學生，所以實驗室歷來的傳統是高年級的學生帶低年級的學生，夏哥就成了我的指導學姐，我也因此有了跟夏哥一起做實驗的機會。

實驗室每個人都有實驗項目。對於我們科系的實驗來說，實驗的過程非常辛苦，也非常有挑戰性。

實驗的材料和測量儀器都很重。實驗經常要用到電動扳手上大螺栓，這個過程非常吵，大家可以想像一下樓上或樓下有人裝潢時鑽牆產生的噪音。

## 第 4 章　友誼和愛情

平時大家都是一天在電腦前面坐 8 個小時的學生，長達一個星期的實驗對大家的體力是一個很大的考驗。

實驗室有兩個學姊的實驗 90% 以上的工作量交給了手下的學弟，自己只是在旁邊翹著二郎腿記記數據。大多數人做實驗的心態是趕快把實驗做完，全然不顧實驗中發現的新問題，結果只能做到以下三點：一是浪費研究室的經費；二是實驗測得的數據不能用；三是用最快的速度把錯誤的事情做完。

但夏哥不是這樣。在實驗過程中，夏哥常常和我一起搬實驗資料和儀器，夏哥從小打下的運動底子在這時候發揮了作用。

夏哥會預訂比原計畫稍多的實驗資料，實驗期間一邊改進實驗，一邊繼續做下去。我們經常做完一兩組實驗之後停下來處理數據，看看數據有沒有什麼異常，如果沒有異常則繼續，有異常則想辦法改進實驗。這雖然使得我們原本一週的實驗任務會延長到一個月之久，但也保證了我們測得的實驗數據是可用的、有價值的。

在實驗室，老師或者同學路過我們實驗區域的時候，夏哥會熱情地請他們提意見，他們有什麼疑問，夏哥也會很耐心地跟他們探討，以此確定實驗過程的正確性。

遇到一些之前沒有遇到的困難時，我們會一起上網查看文獻尋找解決方案或請教指導教授。

有一回，我和夏哥一起做一個普通的資料實驗。這個實驗我之前做過很多次，夏哥沒有做過。上午我們做完實驗後，夏哥下午就把實驗流程整理成文檔發給我，讓我看看有沒有什麼疏漏的地方。

在和夏哥做實驗的過程中，我看到了一個做學術的人該有的認真、嚴謹和負責。除此之外，夏哥對問題的分析常能切中要害、一針見血，她的想法和有三四十年科學研究經歷的指導教授常常不謀而合。

　　有一次，我把一份實驗報告影印出來放在導師的辦公桌上，電子版則發給了夏哥。夏哥當天上午有別的事情，下午看了我的電子版報告之後，跟我說報告中有三個問題需要修改。她跟我說如果已經把紙本的實驗報告放到老師桌上的話，先去把紙本的報告拿回來，修改後再給老師看，不然可能要挨罵。我馬上去導師的辦公室想把報告取回，到的時候老師正好在看我的實驗報告，他指出了我三個地方的錯誤，並訓斥了我一頓。老師指出的三個地方以及提出的改進方案和夏哥說的相似度高達 90% 以上，我心裡不禁暗暗佩服夏哥。從那以後，我給老師看的報告都要先讓夏哥過目。

　　上面說了很多夏哥工作中的事情，其實私底下夏哥也是一個很普通的小女生。我歸納了一下她臉書貼文的幾個主題，有「古天樂」系列，「我怎麼又胖了」系列，「我可能不是我媽親生的」系列。

　　夏哥的爸爸是一名工程師，媽媽是醫生，家境殷實，這也許是她能追求自己所愛，活得沒有後顧之憂的經濟基礎。

　　一名女生有實力、有顏值、姿態低、能做苦力活又不失可愛，怎能叫人不喜歡呢？況且，夏哥還在男女比例 7：1 的理工大學工作學習。夏哥目前單身，她覺得目前這種單身的狀態很好，每天雖然有壓力，但也充實開心，我猜想可能是因為身邊的男生沒有一個能配得上夏哥。

　　我如果以後有女兒，我希望她長成夏哥這樣的人。

　　　　　　　　　　（本文節選自學生「婚戀 —— 職場 —— 人格」課程作業。）

 第 4 章　友誼和愛情

# 第 5 章　愛之初體驗

## 5.1　暗戀桃花源

心理學關鍵字：理想化、虛擬連結、蔡加尼克效應

Beyond 樂隊有首歌叫〈早班火車〉，我喜歡哼唱其中的一句：「天天清早最歡喜，在這火車中再重逢你，迎著你那似花氣味，難定下夢醒日期。」

歌曲描述了一個暗戀故事：一個男孩暗戀一個女孩，但不知如何表白，他只能在每天早上跟她坐同一班火車的時候渴望得到她的關注。他靠近她而坐，聞著她花一般的香味，如入夢境，不知夢醒在何時。

他不敢與她面對面對視，只偷偷地看她映在玻璃窗上的影子，女孩一直沒有發現。他希望火車永遠不到站，這樣就可以繼續偷偷看她，但他又希望自己是她的心的終點站。火車的轟鳴聲像誰在耳邊輕柔地歌唱。

### 暗戀是最美麗、最安全的愛情

是誰導演這場戲，在這孤單角色裡？

在暗戀中，我們更容易勾勒出我們的理想愛情。根據精神分析理論，暗戀是一種充斥著投射和理想化的感情。

我們如何建立理想的愛情關係？

首先我們希望找到一個理想伴侶，大多數人希望自己的伴侶熱情、忠誠、美麗、溫柔、強大、自信、可以依靠，人們對伴侶的滿意度取決於他接近這些理想的程度，但是這樣的伴侶在茫茫人海之中難以尋覓，所以暗戀從很大程度上解決了這個問題。

在暗戀中，我們更容易勾勒出自己的理想伴侶。

我們暗戀的對象包含我們對完美戀人的全部想像，我們暗戀的對象表面上是一個真實的人，其實更多的是我們想像出來的他或者她。

他可以是強壯的、充滿力量的，他也可以是溫柔的、體貼的，能完全感受我們情緒的。她可以是純潔的、美麗的、善良的，她也可以是思想深邃的，能完全了解我們內心的。

在暗戀中，我們可以將喜歡的人最大限度地理想化，放大他們的美德，縮小他們的缺陷，用世界上最美的詞彙來讚美他們。

在暗戀中，我們更容易勾勒我們理想的自己。在暗戀中，我們和暗戀對象會產生一種虛擬連結，你可以將自己對親密關係的所有幻想和期許都投射在暗戀對象這個客體身上。

暗戀對象滿足了人們各種不切實際的期待和幻想，他越完美，你越優秀，他越好，喜歡上他的你眼光越獨到。這是一種虛擬連結帶來的高自尊。

喜歡一個優秀的人能提升自我評價，讓我們更加喜歡自己。

在這段虛擬關係中，我們想讓他們多好，他們就能多好，我們想讓自己多好，我們就有多好。我們不再是羞怯的、內向的、拘謹的、軟弱的自己。

暗戀是一場自導自演的戲，暗戀是安全的，暗戀是充滿可能的，暗戀是容易滿足的，暗戀是美麗的。

現實會讓我討厭自己，但做夢會讓我喜歡自己。

## 我只是喜歡上了默默喜歡一個人的感覺

默默地、不求回報地愛著一個人這件事，本身也能為很多人帶來一種心理上的自我感動和快樂。

「風裡雨裡痴心為了你！」

「為你受再多的苦我也願意！」

「每天繞校園三圈只為和你偶遇的那一瞬間。」

天啊，還有什麼比這種橋段更美麗。

你身為學渣，每天風雨無阻去圖書館自習只為了默默注視暗戀的學霸的背影，你每天瘋狂地閱讀、寫題庫，只是想離心愛的他更近一點。

如果某天學霸發現了你含情脈脈簡直能夠燒穿他衣服的熾熱目光，突然要與你來一段跨越學霸學渣鴻溝的驚世之戀，說不定你還膽怯了呢！

你不要破壞我苦心經營、默默陶醉、痴心付出的狀態啊！

我可能不是真的喜歡你，而是喜歡當時那個不求回報、痴心付出，喜歡你的自己。也有人認為，暗戀不僅代表最初喜歡的那個人，還代表那個情竇初開、自傲又自卑的自己。你回憶的不是那個人，是那些時光、那種情懷，以及那些難以忘卻的回憶。

暗戀是我們的青春，暗戀是我們的時光機。

## 暗戀是成長的重要經歷：有一種感情不一定要擁有

暗戀的對象是閃閃發光的。我們的暗戀對象幫我們描繪了一張愛的地圖，我們以後可能會循著這張地圖去尋找我們的愛人。

「那個時候，我高三生活唯一的鮮活色彩，就是站在三樓的走廊看著他打籃球的身影，我不曾走到籃球場，不曾為他喊出一次加油，更沒有遞給他一條示好的毛巾，我只是默默注視著他，為他每一個進球而感到內心雀躍、歡欣鼓舞。」

曾經，心理學家一度瘋狂地研究暗戀，因為暗戀和一切親密關係的規律和邏輯都相反。

愛情都是希望得到回應的，暗戀沒有；愛情都是希望有結果的，暗戀沒有；愛情都是在你來我往的互動中茁壯成長的，暗戀沒有。也就是說暗戀最沒有投資報酬率，也最沒有 CP 值。

但是，暗戀依然確確實實地頑強存在著。也許暗戀的存在更能說明親密關係的複雜性，不是所有感情都需要回報，也不是所有感情都要切切實實地擁有才完整。

發現了嗎？暗戀這種事基本上只會發生在青春時代。研究也發現，最容易產生暗戀的年齡段是 14 ～ 18 歲。哪個少男不鍾情，哪個少女不懷春？

正是不追求 CP 值、不苛求回報，讓這種感情顯得特別真摯和美好。

我突發靈感，決定寫一首詩：

我們曾經痴迷一個偶像，
或者暗戀過一個人。
我們覺得他們是完美的、無所不能的，
也因此覺得自己是可愛的、讓人著迷的。
我們在這一段想像陪伴的時光中，
抵抗孤獨、認識自己、找到方向、漸漸成長。
他們是我們生命中鮮活自由的鳥兒，
總有一天會飛走。
無須留念，儘管放手，
他們和我們的青春歲月一樣，一去不回頭。

你有難忘的暗戀故事嗎？

你還能記起他們的臉龐嗎？

後來你們怎麼樣了？

回憶他的時候，你的嘴角是否會上揚呢？

第 5 章　愛之初體驗

## 5.2　粉絲與偶像的愛情故事

心理學關鍵字：投射

張國榮先生某次獲獎的時候，某頒獎嘉賓曾譏諷他「一剎那光輝不代表燦爛永恆」，哥哥沉默了一下，回答：「總好過沒有。」

你的心中曾被哪個明星、哪個偶像照耀過？對他日思夜想，為他瘋狂打氣，為他的一笑一顰神魂顛倒，如果這不是真愛，什麼又算得上是真愛呢？

偶像便是眾生投射崇拜、慾望和愛的絕佳對象，偶像的身上藏著萬千粉絲的愛恨情仇。

## 我愛誰，誰就是我的鏡子

重要概念登場：投射。什麼叫投射呢？

投影機在放著電影，電影是我們看到的外面的世界，底片是我們心中潛意識的世界。我們的真實想法也許不一定能被我們自己察覺到，但會被我們以對人對物的方式和態度投射出來。

投射是心理學裡的一個重要的概念，1894 年由心理學大師佛洛伊德提出，用以探索和分析個體的「內心世界」。佛洛伊德認為「投射」是指把自己的個性、態度、動機或慾望投射到別人身上，投射基本上有三種。

相同投射：有一種冷，叫做你媽覺得你很冷。

我經常看到小寶寶在悶熱的夏天穿著長袖、長褲和襪子，小臉熱得通紅，媽媽還是覺得他冷。你代表小寶寶發言反抗，媽媽會說：「你們知道什麼，現在不保暖，老了會後悔！」

這就是一種把自己的感覺和態度等同和強加他人的典型案例。我這樣想，我覺得你也應該這樣想，心理學稱之為「相同投射」。

願望投射：我這麼喜歡他，他一定也喜歡我吧。

我這麼喜歡你，你也一定很喜歡我吧，不然，我怎麼發現你在偷偷看我？

明明是你在偷偷看別人！

情感投射：我喜歡的人越看越喜歡，我討厭的人越看越討厭。

不過在心理學家看來，這世上沒有無緣無故的愛，也沒有無緣無故的討厭。

# 我們為什麼喜歡一個人

我們喜歡一個人，是因為他們身上有我們喜歡自己的地方，或者他們身上藏著部分我們想要成為的自己。許多人都喜愛「逆襲」的角色設定，擁有這種特質的偶像有以下幾點特徵。

## · 代入感強 —— 我們是一夥的

從底層逆襲的神話總是被眾人津津樂道，人們樂此不疲。

唱歌跳舞一概不行，好像努力也不太夠，因為就算努力也沒有用！哇，這多像我們廣大「廢柴」和「鹹魚」欲振乏力的人生啊！

「我不能努力啊，努力是我最後一塊遮羞布，我不能讓所有人知道其實就算我努力也改變不了任何結果，我還是安心當個『廢柴』好了，至少聽上去有點酷。」

## · 享受著「金手指」的快樂

世界上最大的權力快感就在於你以為你可以改變他人的命運。

對那種身上的社會性偏弱（不是八面玲瓏）、人畜無害、沒有攻擊性、能引發憐惜心理的偶像，會傾注特別的熱情和持久的支持。

# 我們為什麼討厭一個人

我們討厭一個人，是因為他身上有我們討厭自己的地方或者不曾擁有的特質。但是我們不想討厭自己，那麼還是討厭他好了。

隨著沒有實力的偶像多次逆襲，很多人坐不住了，於是，「群起而嘲之」的潮流來襲。

為什麼被罵的總是我？誰叫你這麼紅！

這樣的偶像觸碰了許多人的價值觀。

每個人因為出身環境、成長經歷、外表、受教育程度的不同，會產生截然不同的世界觀、價值觀和人生觀。我們必須證明和捍衛自己價值觀的合理性，這是尊嚴問題。

此時，某些偶像出現了，要能力沒能力，要努力沒努力，長了一張美麗無比、楚楚可憐的臉，常常賣個可憐就上了頭條新聞，這讓那麼多比她專業能力強、比她努力奮鬥的人情何以堪？

於是，嘲弄這些偶像無形中成了某種群體的立場，我在嘲笑的同時彷彿證明自己很努力、很有能力，只是沒那麼好運罷了。

精神分析學者認為投射是一種重要的心理防禦機制。

它在防禦什麼？

投射是個體將自己的過失或不被社會認可的欲念加諸他人，從而消除內心的罪惡感、減輕焦慮的壓力，捍衛自我的人格。

我們忙著討厭別人，以避免不小心討厭到了自己。

人類果然是最高級的物種，投射是一種精心設計的機制。透過這樣的機制，人們扔掉了自身討厭的部分，維持了「我足夠好」的自我感覺，並能透過抨擊他人獲得一種內心的優越感。

你真的是在討厭他嗎，還是討厭那個也很「廢柴」卻沒有他幸運的自己？當你凝望深淵的時候，別忘了深淵也在回望你。

當然，這樣「不努力也能成功」的偶像，在娛樂圈裡也是某種意義上幸運的吉祥物。

娛樂圈需要造神，娛樂圈迷信天賦。

天賦比努力酷多了，「躺贏」比篳路藍縷、艱苦奮鬥刺激多了，前者屬於明星，後者屬於凡人。

你越是萬千寵愛，你越是光芒萬丈，你越是無敵幸運，你就越能引起討論和關注。

總結：這世上沒有無緣無故的愛，也沒有無緣無故的討厭。

如果你很容易欣賞到他人的優點和光明面，也許正是因為你身上的光明面本來就多，你是一顆小太陽，每天充滿正能量。

如果你總是覺得很多人都很礙眼，看誰都心煩，這個時候我們是不是該回頭想想，自己是不是有什麼問題呢？

畢竟，你是什麼樣子，你眼中的世界就是什麼樣子。

最後贈送友情提示：如果你想知道你和你的男（女）朋友價值觀是否相合，很簡單，那就拉著他（她）看一場真人秀吧！

## 5.3　你問我愛你有多深，「備胎」代表我的心

**心理學關鍵字：沉沒成本、自我價值、成癮**

備胎故事 1

我和他，認識 10 年，我們從朋友變成戀人，最後又變成朋友。現在他已經是一個兩歲孩子的爸爸。這 10 年間，我們沒有斷過聯繫，我們可能是最懂得彼此的人，但是我們又都小心翼翼地維繫著這段友誼。

很多人說，分手之後，還能做朋友，一定是沒真正愛過。我猜可能是真的吧，

可能我們注定只能成為朋友。他結婚前，一直和我有聯繫，我一直以為最後我們會結婚，結果有一天，他突然告訴我，他要結婚了，但新娘不是我。突然醒悟，原來我一直是備胎。

很多人都是不小心被「備胎」了，備胎的狀態和界定一直都模模糊糊、朦朦朧朧，充滿了難以分說的曖昧和心知肚明。

心理學家發現，這種模糊的情感狀態在現代社會甚至成為一種趨勢和潮流。

根據美國一項基於 2,647 個樣本（18 ～ 59 歲）的在線調查，有 69% 的人對於他們正在交往的關係有所困惑，不能確定那是否能夠算是約會。另一項針對女性的調查則顯示，73% 的女性說她們「經常不能確定自己是否在約會中」，19% 的女性則認為自己「從來沒有進行過真正的約會」。

可在我看來，備胎狀態非常簡單：我不喜歡你，你喜歡我，但是我們兩個都想保持這種狀態不想結束；一個假裝糊塗，享受備胎的噓寒問暖、無微不至；一個不願承認，幻想著有一天透過努力讓女神或者男神愛上自己；隨著時間的推移，友誼昇華為愛情的可能越來越小，為什麼你還是不願意放棄呢？

## 沉沒成本：合理化自己的付出

「沉沒成本」是一個經濟學概念，但是也適用於親密關係中。

人們在決定是否去做一件事情的時候，不僅是看這件事對自己有沒有好處，也看過去自己是不是已經在這件事情上有過投入。我們把這些已經發生、不可收回的支出，如時間、金錢、精力等稱為沉沒成本。

心理學研究發現，人們對一段關係投入得越多，對關係的承諾就會越強。這種因為離開關係的代價過高，不得不繼續現有的關係表現出的承諾叫做「強迫承諾」（constraint commitment）。

　　我對一段關係投入越多，我就越不能離開這段關係，因為離開的沉沒成本太高了。越付出，越無法捨得。

　　例如：「我為了這個家操了十年的心，頭髮都熬白了，十年了，我為了我的老公和孩子付出了我的青春，犧牲了我的夢想，我現在沒有學歷，沒有工作，我絕對不可以離開這個家。」

　　我們在諮商室常常遇到被老公家暴十年不肯離婚的老婆。為什麼？

　　她們付出太多了，沉沒成本太高了，覺得此時離婚，一切從頭再來，以前十年的打就「白挨」了。

　　備胎也是這個道理。我都已經痴心守候這麼久了，沒有功勞也有苦勞吧！當她受傷的時候，她一定會回頭看我的，她現在的男朋友明顯就是渣男啊！我不甘心啊！

　　股票跌了不肯割肉，賭徒離不開賭桌。「說不定，下一盤就會回本。」

　　有人會說，如果我現在放棄，以前那個默默付出、痴心守候的自己會不會像個傻瓜？

## 自我價值感低：覺得自己得到的足夠好

　　「如果可以為了女神當個備胎，勝過找個普通女孩談戀愛。」

　　如果對方的位置遠遠高於你，你會心甘情願當個備胎，甚至，你會覺得當備胎也是幸運的。

　　親密關係中有種狀態叫做「戀愛成癮」（love addiction），是指一個人必須不間斷地談戀愛，才能撫平空虛的內心和焦躁。他們無法忍受感情的「空窗期」，他們患有「孤獨恐懼症」。

　　這些人看起來好像陷在愛情裡，其實是陷在對關係的依賴裡。

　　我們每個人在某種程度上都像「癮君子」一樣渴求著愛。

在一段戀愛成癮的關係中，上癮、不安全感、依賴是主調。戀愛中，成癮的那一方會喪失自我，佔有欲和嫉妒心會越來越強。一旦與戀人分開，就會坐立不安，甚至食慾不振。

戀愛成癮和戀愛有時候不容易區分，因為愛情中的成分 —— 嫉妒、痴迷、依賴，它都具備，但是它與愛情最大的區別在於，它對戀愛本身的依賴遠遠大於對於愛人的依賴。戀愛成癮者無法分辨哪些人是自己真正愛的，哪些人只是用來填補空虛的，唯一的動作就是不斷談戀愛，讓自己一刻也不能空閒下來。

「戀愛成癮」和「備胎」有什麼關係呢？前者對戀愛這件事成癮，不在乎談戀愛的人；後者對愛戀的人成癮，不在乎談戀愛這件事。

成癮者往往缺乏自我價值感。他們都在為關係、為一個不會得到回應的對象無止境地付出，當被對方需要時，才覺得自己是有價值的、自己的存在是有意義的。

成癮者害怕獨處、害怕孤獨，他們害怕不被需要、他們害怕被遺忘，他們對自我價值的評估完完全全依附於另一個人。

當被女神或者男神偶爾地需要，他（她）們會欣喜若狂、奮不顧身。當我們自我價值感低的時候，其實是很容易成為備胎的。

幸運的是，大部分人憑著個人的成長、對世事的洞悉、對自我的了解，從備胎的枷鎖裡掙脫，重新投入現實中平等的感情，成為更加成熟的自己。

## 當備胎會阻礙你獲得真實的幸福

備胎故事 2

我喜歡文靜內斂的女孩，然而，愛上這樣個性的女孩，就注定了我要成為主動的一方。其實我也很難定義什麼是備胎，但是又不知如何表現主動。

女孩說她很清楚我們之間的關係，但又不說明究竟是什麼關係。我也不敢表

白，怕時機不成熟，怕雙方尷尬。

於是我們的關係就這樣拖著，雖然我不知道那根「線」是不是很快就要斷了。

任何能夠讓人們長期、穩定地投射自己戀愛幻想的存在，都會讓人產生迷戀、產生依賴、容易上癮、很難戒斷。

· 譬如追星：我，單親家庭長大，個性外冷內熱，追星 5 年，前後為偶像花的錢不計其數。我追星，因為我需要他，他什麼都不用做，靜靜站在那裡就好，微笑就好，他是我的精神依託。

· 譬如暗戀：我每天都買早餐給他，國中三年，高中三年，六年如一日，他一直沒有做出回應，我也一直默默地，為他做一點點小事，我就覺得世界無比美好。

譬如備胎。

有時，甚至是長期的心理諮商也會成為脫單的阻礙。因為，在諮商過程中，你把諮商師當作一個穩定的移情對象。

你缺少父愛，你覺得他像父親一樣可靠，給予你引導。

你缺乏母愛，你覺得她像母親一樣包容，給予你理解。

你把你的愛欲、幻想和情感都投射到他（她）的身上，這讓你覺得安全，但是，這種感覺阻礙了你在真實世界尋找真實的連結。

當一個人的生活中已經有了其他的投射，那麼他們很難產生真正的動力去尋找真實的人際關係。

而心理學認為，產生真實的現實連結，接受現實的他（她）和現實的自己是實現幸福的唯一方式。

# 5.4 請向另一個「孤島」打電話

心理學關鍵字：第一種孤獨：社交隔離

作家劉瑜說：「在我所經歷過的痛苦中，沒有什麼比孤獨更具有破壞力。」

## 孤獨是一種負的情感體驗

我們每個人都需要朋友，我們需要從朋友那裡得到接納、包容、支持和愛，當我們覺得我們的朋友不夠多或者友誼的品質不如預期的時候，就會產生孤獨感。

孤獨在心理學裡不是一個好詞，孤獨是一種負面的情感體驗。當我們期望的人際關係和現實差距太大時，就會產生令人不悅的悲傷和絕望的孤獨體驗。

有時候只是提起「孤獨」二字就讓人覺得很孤獨。就連孤獨界的佼佼者「獨孤求敗」的「但求一敗」，都讓人覺得可敬又可憐。

的確，孤獨會影響人的健康狀況。孤獨者與那些有著豐富的、令人滿意的友情的人相比，他們的血壓更高、睡眠更差，免疫系統也不強。甚至孤獨的心理狀態會讓人的死亡風險提高 25%。

什麼時候我們會感到孤獨？

孤身一人的時候，我們常常感到孤獨。古人還用這樣的成語形容孤獨：「煢煢孑立，形影相弔。」

「大三了，準備考研究所，在回寢室的路上看著自己的影子，我想這是唯一能夠陪伴我奮鬥的人。」

孤身一人的時候一定會孤獨嗎？

答案是否定的。我們常常會有錯覺，我們覺得我們孤身一人的時候會孤獨。請注意區分，孤獨和獨處不是一回事，有時候我們在完全獨處的狀態下也能感到滿足。我們常常會享受獨處，在獨處的時光中感受安靜、平和與創造力，這個時候，我們並不孤獨。但是有時候我們置身於人群之中，反而覺得孤獨。

孤單是一個人的狂歡，狂歡是一群人的孤單。

## 大多數人會孤獨一陣子，少數人會孤獨一輩子

關於孤獨的研究有個好消息，也有個壞消息。

好消息是：大部分的人只會孤獨一陣子。

壞消息是：小部分的人會孤獨一輩子。

孤獨具有遺傳性，也就是說「天煞孤星」、「注孤生」確有其人，他們真實存在。你可能出生的時候就遺傳了「孤獨」基因，當別的小孩在泥巴裡打滾玩耍的時候，你一個人默默地蹲在一邊，看著浮雲聚了又散、散了又聚。幼兒園老師問你：「你怎麼不和大家一起玩？」你幽幽地說了一句：「我很孤獨。」

有些人的確天生就比一般人更容易體會到孤獨，人們的人格特點與孤獨感密切相關，外向的人、隨和的人會擁有更多的朋友和社交活動，體會到更少的孤獨，而高神經質的人會更常感覺孤獨。

自尊也與孤獨密切相關，無法和他人保持滿意的人際關係的人通常也不怎麼欣賞自己，「孤芳不自賞」才是人生常態，低自尊者會更加孤獨。

孤獨還會引起憂鬱。孤獨和憂鬱是一對好朋友，如影隨形。因為孤獨，你對現狀不滿，可能會憂鬱；因為憂鬱，你很難進行有效地人際交往，你會更孤獨。

## 「社會隔離」：孤獨的人愈加孤獨

　　心理學家羅伯特・韋斯（Robert Weiss）致力於研究孤獨的問題。他提出孤獨可以分為兩種，第一種孤獨叫做社會隔離，指的是我們因缺少朋友和熟人的社交網路而引起的孤獨，找不到支持團體，沒有歸屬感，讓我們感覺孤獨。

　　試想一下，你剛考上大學，背井離鄉來到異鄉，面對不再熟悉的人和事，你是否更容易陷入孤獨？

### ・　「不一樣」的感覺讓人容易感受孤獨

　　人類是依賴熟悉感為生的動物，熟悉讓我們感覺到安全，當我們處在陌生的環境中，會不由自主地保持高警覺和不信任，像刺蝟一樣豎起渾身的刺。我們經常覺得自己和身邊的人不一樣，這種格格不入感讓我們備感孤獨。「獨在異鄉為異客，每逢佳節倍思親」，身在異鄉會更加孤獨。

### ・　你的孤獨狀態會引發更多的孤獨

　　就比如這個小故事：

　　我們覺得隔壁老王偷了我們的斧頭，我們越看他，越覺得他就是小偷。結果我們在家裡找到了自己的斧頭，我們再來看老王，他坦坦蕩蕩、和藹可親。我們看到的恰恰是我們希望看到的。這叫做「自證預言」。

　　如果你正處於孤獨階段，這個時候你可能會看誰都不順眼。

　　為什麼周圍的人都很自私自利？

　　為什麼周圍的人都很淺薄無知？

　　如果你真的這樣想，你真的就可能遇上自私自利、淺薄無知的人。

　　有個學生來找我諮商：「老師，我覺得周圍的每個人都很蠢，但是我不能表現出我對他們的鄙夷，於是我就對他們都假惺惺的。」

結果他每天只會遇到兩種人：蠢人和假惺惺的人。

越孤獨，越受挫；越受挫，越消極；越消極，越孤獨。

- **社交網路的虛擬包裝會讓你更加孤獨**

研究發現：很多人想利用社群軟體擺脫孤獨。但是很多人在網路上塑造出虛假的完美自我，卻會讓他們更加孤獨。

虛假完美的你在網路上越引人注目，真實世界的你就會愈加孤獨，騙得了別人，騙不了自己。只有真實的人際交往能緩解孤獨。

此處，有兩條與孤獨相處的建議：

1. 每個人都會孤獨，無一例外，承認孤獨就是克服孤獨的第一條法則。

   「我是一個孤島，我想要更多的朋友。」

   「哇，正好，我也是一座孤島喔。」

   「那不如我們手拉手，做個好朋友？」

   有時候，撕下看似強大的偽裝，真誠地面對自己和他人，更容易逃離孤獨，獲得真實的友誼。

2. 你必須主動尋求連結來克服孤獨。你應該嘗試著盡量使自己變得友好。

   如果總有人要邁出第一步，我希望由你來邁出。

   儘管去愛、去交往吧，去主動爭取吧，哪怕會受傷，但卻是使人生完整的唯一方法。

   如果每個人都是一座孤島，此刻，你找到另外一座孤島了嗎？

   「喂喂喂，這裡是交友服務中心，我已經全方位開放了我的雷達，我在尋找『臭味相投』的同伴，請問你在哪裡？收到請回答，收到請回答……」

## 5.5
## 拓展：潛意識分析—你隱藏自己的程度有多深

　　主題統覺測驗是投射法個人測驗，由美國心理學家亨利・莫瑞於 1935 年發明。主題統覺測驗透過素描圖像激發測試者投射出內心的幻想和精神活動，成為呈現測試者內心和自我的 X 光片。

　　主題統覺測驗也是心理諮詢和心理治療工作中常用的測試量表之一，對鑑定診斷造成了重要的輔助作用。

　　現在讓我們一起走進主題統覺實驗，看看你隱藏自己的程度有多深。

## 一、測驗題目

1. 圖中的女人為何掩面，她的情緒是怎樣的？

　　A. 悲傷，女人發現丈夫的婚外情

　　B. 憂慮，丈夫酒醉

　　C. 關心，丈夫病重，可能即將死去

2. 床上女子的狀態是怎樣的？

　　A. 身患重病

　　B. 沉睡

　　C. 已死去

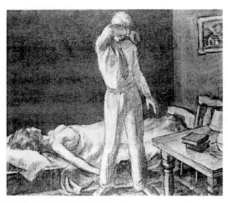

3. 圖中繫領帶的男子是女子的什麼人？

　　A. 祕密情人

　　B. 老闆或者頂頭上司

　　C. 可以幫助她的有權有勢的人

## 第 5 章 愛之初體驗

4. 圖中老婦人的眼神流露出怎樣的情緒？

　　A. 邪惡，她們之間可能隱藏著衝突

　　B. 同情

　　C. 焦慮

5. 圖中的女子正在打開房門，她打算做什麼？

　　A. 男友的房間，她一直很想看看房間裡的布局陳設

　　B. 下班，剛剛回家

　　C. 拿東西，然後回廚房煮飯

6.　圖中這個人物打扮成這樣是為什麼？

　　A. 打扮成別人認不出來的樣子去襲擊仇人

　　B. 搶劫商店

　　C. 參加萬聖節扮裝舞會

7.　圖中這個女子化妝是為什麼？

　　A. 遮掩已經衰老的面容，並希望能夠挽救婚姻危機

　　B. 以更加飽滿的精神狀態去見大客戶

　　C. 去和男朋友約會

## 二、計分

每個題目選 A 得 1 分，選 B 得 2 分，選 C 得 3 分，然後計算總分。

## 三、解釋

- 測驗結果：7 ～ 11 分（對外開放度低）

你非常善於隱藏自己。

你防禦心理較強，對事物懷著消極的態度，不願意輕易相信別人，大多數時候寧願自己獨處也不願意和其他人在一起。

你的魅力就在於神祕吧，很多人都想接近你，但你內心與外界的距離感始終存在。

你只有擺正對生活的態度，才能過上正常的快樂生活。朋友的建議對你影響很大，你需要對這些建議進行過濾，有選擇地採用，不要被這些建議搞得焦頭爛額。

- 測驗結果：12 ～ 16 分（既不開放也不封閉，理智型）

你屬於現實主義者，浪漫色彩非常淡薄，對金錢有一定的執著心。

你頭腦清晰，有很強的獨創能力。踏實、勤奮是你的一貫風格，但缺乏挑戰新事物的勇氣，對人情世故不太精通，再加上你平時比較寡言，給別人的感覺比較冷漠，往往需要一段時間才能融入團體中。

建議不要凡事都顧及眼前，要學會規劃人生。過分謹慎也會錯過很多機會。

·　測試結果：17 ～ 21 分（開放性）

　　你個性開朗、樂觀、平易近人，和朋友交往中能設身處地為他人著想。另外，你善於在公眾面前提升自己的形象，因此深受大家的信任，在群體中是個受歡迎的中心人物。

　　你做事很慎重，謙恭有禮，即使再棘手的事情也能處理得恰到好處。誠信是你重要的處事原則，你具有壓抑自己為別人著想的良好特質。不過此類型的人難以獲得特別大的成就。

　　建議適當學會拒絕，會讓你更快樂。

# 第 5 章　愛之初體驗

# 第6章　冰點與沸點

## 6.1　愛情來得太快，就像龍捲風

心理學關鍵字：愛情荷爾蒙、愛情與氣味、解釋水平

愛情的產生是一個玄妙的命題，譬如「來電」就完全是一種生理感受，不為人的意志所控制。

所以很多人說：「對對對，他哪裡都好，家庭條件好、工作好、對我也好，可我就是沒感覺。」

是是是，他哪裡都不怎麼樣，工作不穩定、脾氣也很大、對我態度也飄忽不定，但我只要一看見他，眼睛就離不開他了。

### 愛情的產生離不開荷爾蒙

愛情與體內荷爾蒙的變化密不可分。

愛情的荷爾蒙有哪些？

「多巴胺」（dopamine）是快樂水，讓你感到又快樂、又安全、又滿足。吃巧克力也會促進多巴胺的分泌，所以，巧克力也被稱作是愛情的食物。

「苯乙胺」（phenethylamine）是興奮劑，提供你「來電」的感覺，讓你瞳孔放大、臉色發紅、興奮不已、勇氣百倍就是這種荷爾蒙的傑作。

「正腎上腺素」（noripinephrine）是緊張丸，讓你血管收縮、血壓飆升、一萬頭小鹿在心頭亂撞。

從這個意義上來說，吸引和熱戀的感覺其實就是激素給人們的陷阱，這些激素讓你很快樂、很興奮，它也能確保人類繁衍後代。但是這些激素的分泌不可能永遠處於高峰狀態。熊熊愛火一直燃燒，誰也受不了。

所以我們說激情只能維持大概 18 個月就會消退，或者更準確的說法是愛

情的荷爾蒙的高峰時期為 6 個月至 4 年，所以，婚姻不是「七年之癢」，確切地說是「四年之癢」。

當激情褪去後愛情靠什麼維持？別慌，婚姻的荷爾蒙悄然而至。

婚姻的荷爾蒙有哪些？

「內啡肽」（endorphin）和「催產素」讓你安逸。轟轟烈烈之後，人會產生安逸、溫暖、親密、平靜的感覺，這種感覺讓人情不自禁地想依賴。

一個心理學實驗中，實驗人員對雄性小白鼠注射催產素，小白鼠有什麼感覺我不知道，但是被注射的雄性小白鼠行為上的確發生了變化，它們對伴侶更加溫柔依戀了。

特別推薦「抗利尿激素」（vasopressin），它很屬害，被稱作愛情的「忠誠激素」。研究發現，此種激素是控制忠誠的關鍵。發現男朋友最近眼神游移，心思飄忽不定，一針抗利尿激素下去，馬上俯首帖耳，乖乖當「忠犬」。

設想一下，以後市面上會不會出現各種「激情糖果」和「忠誠藥水」？

「單身狗」想談戀愛別擔心，來顆「激情糖果」，立馬擁有初戀的感覺；想要愛人永不變心、想要愛情海枯石爛，沒問題，每天定時服用「忠誠藥水」。

這到底是科學的進步還是人類的退化呢？

## 愛情與氣味密切相關

· 「氣味約會」

「氣味約會」是一個為人們提供配對服務的網站，以下是該網站的一些規則：

1. 我們會寄給您一件 T 恤。
2. 請您穿三天三夜，不要清洗。

第 6 章　冰點與沸點

3. 請您將 T 恤裝在一個信封中寄還給我們。
4. 我們將再寄給您一些別人穿過的 T 恤樣品。
5. 您聞一聞告訴我們喜歡哪一件。
6. 如果您喜歡的味道的主人也喜歡您，我們會幫你們交換聯繫方式。
7. 剩下的就交給你們了。

## · 你喜歡哪個號碼的汗味

　　心理學家做過一個超有趣的實驗：一群男孩打球，打得大汗淋漓，打完後把帶號碼的球衣往地上一扔，洗澡去了。一群女孩（心理學實驗的志願者）來到實驗室輪流聞每件球衣，並標註她們最喜歡哪個號碼的汗味（我強烈懷疑實驗者有某種程度的惡趣味）。然後安排一場舞會讓這群男孩和女孩相遇，你猜猜實驗結果如何？

　　部分女孩找到了心儀的男孩，而她們的心儀對象恰恰是她們喜歡的那個號碼汗味的主人。

　　該實驗可不可以這樣解釋？「如果你連他流汗的味道都不討厭，你大概就已經墜入愛河了。」

　　此時，忍不住哼起一首老歌：「想念你白色襪子和你身上的味道。」

　　不過事實證明，在兩性的吸引力方面，氣味的確發揮著十分重要的作用。美國精神病學學家研究發現，體味會以一種無意識的方式使對方發現你不同的基因。

　　從演化的角度來看，氣味是一種檢測基因相容性的方法。該理論認為，如果兩個人彼此喜歡對方的味道，那麼這兩個人免疫系統存在著最大的差異，如果兩個人結合會更容易懷孕，並且會生出免疫系統最強的寶寶。

　　大自然真是神奇，人類果然很高級，我們靠鼻子就能找到最優質的另一半。

甚至有更加激進的觀點認為，表面上看婚姻越荒誕不經、不合常理，婚姻本身的安全性就越高。例如，兩個人一見鍾情就閃婚，夫妻一方沒有工作，夫妻差距非常大，因為這兩個人的結合來自最本質的吸引。

就算你智計百出尋覓的所謂理想對象，也許還比不上你的基因和感覺幫你尋覓的真正良緣。

我要幫努力衝破世俗偏見，勇敢追逐愛情的朋友們努力找個說服父母的理由，這個理由就是：要找個喜歡的人結婚，門不當戶不對也沒關係，至少你們會生出最健康的寶寶。

## 我們處在愛情中「解釋級別」會變低

不識愛情真面目，只緣身在愛情中。

我們越深陷愛情，越患得患失，越覺得愛情讓人難以捉摸。

很多人都有類似的經歷：當朋友的感情顧問時，有理有據、頭頭是道，到了面對自己感情問題時卻瞬間逃避。

朋友想脫單，你馬上就能列出一個繞地球二圈的候選人名單；朋友想告白，你變身韓劇編劇，為她設計三頁的臺詞完全不重複；朋友和伴侶起了衝突，你馬上趕來，竭盡全力「勸和不勸分」。

可惜，一輪到自己的愛情，你立刻由好漢變「草包」。

對待發生在自己身上的事情，我們更容易陷入重重迷霧，被困在細節和情緒中看不清真相。

根據「解釋級別理論」（construal level theory），我們在分析朋友問題的時候體現出了更高的解釋級別，我們更關注整體、核心、抽象本質；而在思考自己的問題時，我們容易表現出更低的解釋級別，我們更關注細節、表象、具體內容。

「我今天是不是有句話說錯了,讓她不開心?」

「今天一起吃飯的時候,他玩了一陣子手機,是我講的話題太無聊嗎?」

或者乾脆拿朵玫瑰花扯花瓣:「他喜歡我,他不喜歡我,他喜歡我……」

看吧,此時的你充分地展示了過低的解釋級別,愛情讓人變蠢。

這時候,我們的最佳損友會跳出來:「醒醒吧,他根本沒有那麼喜歡你!」

損友直擊要害。此時你的損友展現了很高的解釋級別。

所以,有時候愛情像懸崖上的花,你努力去摘卻求而不得;有時候愛情像蝴蝶,當你安靜時,牠又停在你的身上。

世界上原來有件事這麼奇妙,神龍見首不見尾,來無影去無蹤,來的時候讓你心醉,走的時候讓你心碎。

沒關係,是愛情啊。

## 6.2　史坦伯格的愛情三角形

心理學關鍵字:史坦伯格愛情三角形理論:親密、激情、承諾

你認為愛情是婚姻的必要條件嗎?你願意和你不愛的人結婚嗎?

### 愛情觀點各異

儘管愛情是人類永恆的話題,西方心理學家卻從 20 世紀下半葉才開啟研究愛情的課題。

但是你知道嗎?把愛情和婚姻結合起來是近期社會才有的觀點,縱觀人類歷史長河,擇偶標準與浪漫愛情並無多大關聯,人們更有可能因為政治、經濟、家庭和現實原因結婚,唯獨不是因為相愛而結合。

　　很久以前，人們雖然承認愛情的存在，但對愛情的認知五花八門，例如，有人認為痴迷愛情是瘋子（古希臘）；有人認為愛情一定不能有性，一滾床單就幻滅了，柏拉圖式才是愛情的最高形式（古希臘）；有人認為婚姻的目的只是生小孩；有人認為婚姻是很嚴肅的，激情是可恥的，對異性產生強烈的性慾望都該下地獄，哪怕那個異性是自己的老婆。

　　更主流的觀點是，絕大多數人認為婚姻和愛情沒有半點關係。即使在今天，全世界只有部分地區的人確信愛情應該與婚姻聯繫在一起。你們猜猜哪個國家最崇尚「因愛而婚」這個觀念？

　　確切地說是北美。研究發現北美人最為接納和熱衷「因為愛，所以婚」。

　　果然還是美國人最浪漫。原因是什麼呢？

　　也許是因為美國個人主義的盛行，大家開始注重自己的感受與體驗；也許是因為美國經濟大繁榮，成千上萬的年輕人走出家門獨立生活，他們便擁有了婚姻的自主權。

　　經濟獨立才能人格獨立，自古以來就是這個道理。

　　以前婚姻的權力大多掌握在家族和父母手上，如中國的「父母之命」、「媒妁之言」，說穿了就是經濟不獨立、人身不自由。

　　美國人對這種「愛情與婚姻應該緊密相連」觀念的認可程度遠勝於大多數其他國家的人。這種價值觀的努力踐行者之一就是著名心理學家羅伯特・史坦伯格。

## 愛情三元論

　　羅伯特・史坦伯格（Sternberg）認為各種不同的愛情都由三個成分構成，分別是親密、激情和承諾。

　　這種觀點叫性行為情三元論，也叫性行為情的三角形理論。

親密：愛情的第一個成分是親密（intimacy）。親密，是兩人之間感覺親近、溫馨的一種體驗，親密是一種「你喜歡我，我喜歡你」的感覺。親密是溫暖的。其實，親密就是愛情中的友誼，包括理解、溝通、支持與分享。

激情：愛情的第二個成分是激情（passion），是指性的喚醒和欲望，激情是熱烈的。不知道你們發現了嗎，有的人我們很喜歡他（她）、很依戀他（她）、和他（她）在一起很快樂，但是我們發現他（她）很難引起我們的強烈衝動和欲望，但是有的人我們根本不了解，也不愛戀，卻能勾起我們強烈的性欲望。

原來喜歡與欲望不一定緊密相連。

心理學家透過功能性磁共振成像技術研究發現，我們的「激情之腦」和「喜歡之腦」完全不是同一個區塊，大家各司其職、相互獨立、運行良好。

也就是說你極有可能非常喜歡一個人，但是對他（她）完全不來電，只能停留在喜歡，無法更進一步發展成愛情。

承諾：愛情的最後一個成分是承諾（commitment），一想到承諾，耳邊就會響起結婚誓詞：「你願意娶這個女人嗎？（你願意嫁給這個男人嗎？）愛她（他）、忠誠於她（他），無論她（他）貧困、患病或者殘疾，直至死亡，你願意嗎？」「我願意！」

此處的「我願意」就是承諾，指投身於愛情和努力維護愛情的決心。包含對愛情的忠誠與責任心。如果說親密是情感性的，激情是荷爾蒙的，那麼承諾就是理性的，是一種決策。

## 愛情的生理學視角

心理學家海倫·費雪認為，有三種既相互聯繫又截然不同的生物系統存在著，並且控制著愛情成分，這具有演化學上的意義。

首先，性荷爾蒙讓我們擁有性衝動，讓人類能夠繁衍生育，代代相傳。

其次，吸引力讓我們根據腦海中愛的地圖，選擇特定偏好的戀人，當我們遇見他（她）們時，我們腦海裡的愛情荷爾蒙（多巴胺、內啡肽等）開始大量分泌，對我們和愛人的互動進行充分的獎賞。讓我們在愛情中得到無與倫比的快樂與鼓舞。

最後是依戀，這裡的依戀是指伴侶長期互相依靠、陪伴、關懷累積而來的安全感和穩定感，這種感覺能讓夫妻長相廝守，把子女撫養成人，然後子生孫，孫生子，子子孫孫延續著人類的傳承。

這種天生演化而來的三個不同的生理系統，最大限度地保障了人類的延續，它們共同支持著人類將愛情進行到底。

回到前面提到的問題：你願意和你不愛的人結婚嗎？

你可能斬釘截鐵：怎麼可能！

你可能思慮良久：我應該不會。

你可能猶豫再三：我可能會找個我愛的人戀愛，但是結婚還是找個愛我的人吧。

每個人面對愛情和婚姻都有不同的選擇，但是從某種意義上說，每一個因為愛情而走進婚姻的人都是勇敢的嘗試者。

史坦伯格的偉大之處不僅在於他的愛情三元論為不同類型的愛情提供了一個非常實用的理論框架，更在於他設想了一種人類社會的理想愛情藍圖：親密、激情、承諾三者合一，集齊三顆「龍珠」召喚「真愛神龍」。

現代社會單身越來越多，這某種意義上代表了社會的進步，人們開始重視愛情，重視自我感受和體驗。

我們更多的人不再因為傳宗接代、父母之命、到了年紀而選擇結婚生子，反而因為沒有找到理想的愛情而更甘願選擇孤身一人。

## 6.3　浪漫之愛的冰點與沸點

心理學關鍵字：浪漫之愛、自我延伸模型、親密關係中的印象管理

浪漫之愛擁有冰火兩重天。

當我們心動、彼此靠近、彼此了解、激情燃燒，兩個人的愛情飆升到沸點，那一刻，愛情讓人歡欣鼓舞、讓人迷失雙眼。

當我們激情褪去、生活變得平淡、氣氛變得沉悶、愛情降溫，兩個人的愛情跌落冰點，此時愛情還可以持續嗎？

史坦伯格既然把愛情畫成一個三角形，認為愛情有三種成分：親密、激情、承諾，那麼這三種成分就會組成八種類型的愛，分別是：無愛、喜歡、迷戀、空愛、浪漫之愛、相伴之愛、愚昧之愛和完美之愛。

接下來我們討論的是同時擁有親密和激情的浪漫之愛。

## 浪漫之愛的沸點：高度喚醒

如果你愛上了一個女性，你向她表達愛意，如果她含羞帶怯地告訴你，她像你喜歡她一樣喜歡你，你是否感受到強烈的幸福感向你排山倒海地湧來？如果她高傲地拒絕了你，你是否感覺極度痛苦、無法呼吸？

這種極端的反應來自浪漫之愛中的重要成分 —— 激情。這種被高度喚醒的興奮和歡快能增加我們對伴侶的愛，甚至改變我們的身體感受和思維。

當我們墜入愛河，我們會對伴侶有著美麗的想像，愛得最深的時候我們對愛人的理想化與讚美也達到了高峰。愛情是盲目的，愛情能夠蒙蔽人的雙眼，讓人只能看到伴侶的優點。我們愛上的往往是我們加了無數層濾鏡想像出來的一個人。

當我們處在高度喚醒興奮與歡快的浪漫之愛中，我們甚至會對自己的伴侶更加「忠貞」。當你把某女星的性感照片給妳熱戀中的男友看，他可能會瞄一眼之後不屑一顧地說：「完全沒有妳好看呀。」

千萬別覺得他是在哄妳開心，此刻他可能是完全發自肺腑的，處於熱戀中的高度喚起讓他覺得自己的愛人（對，就是妳）全世界無敵可愛。

## 浪漫之愛的沸點 —— 自我延伸模型

愛爾蘭的羅伊·克羅夫特的〈愛〉是我認為描述愛情最美的詩篇。

> 我愛你，不光因為你的樣子；
> 還因為，和你在一起時，我的樣子。
> 我愛你，不光因為你為我而做的事；
> 還因為，為了你，我能做成的事。

日本女神蒼井優嫁給了日本的搞笑藝人山里亮太，她這樣說道：「比起你喜歡誰，更重要的是你喜歡跟誰在一起時的自己。」

當我們墜入愛河，我們對自己的看法都會改變。亞瑟·阿倫和伊萊恩·阿倫是一對社會心理學家夫婦，他們提出了「自我延伸模型」（self-expansion model），認為愛情使我們的自我概念得到擴展和變化，我們會逐漸了解到我們以前所不認識的自己。愛情會讓我們變成更好的人。

譬如我們以前把自己定義為「貪生怕死」，結果發現遇到真愛後，當危險來臨，我們居然用自己的渺小的身體去阻擋危險，緊緊把愛人護在身後。

133

「愛人比自己更重要」，愛情給了我們無與倫比的勇氣和力量。透過愛你，我變成了更好的自己。一項對戀愛的年輕人追蹤 10 週的研究發現，他們的自我概念變得更加多元化。

以前我覺得自己是怯懦的，現在發現自己很勇敢；以前我很馬虎，現在我居然變得細心；以前我說話大大咧咧、粗聲粗氣，現在我開始顧及愛人的感受，變得輕聲細語、肉麻兮兮。

戀愛中的我們，自尊也得到了提升。

以前我很煩惱我的雀斑，現在我的愛人說我的雀斑很俏皮；以前我覺得我只有一點可愛，現在墜入愛河的我發現自己簡直可愛得要命，要不然他怎麼愛我愛到無法自拔。

這就是墜入愛河讓人們如此快樂的原因。

## 浪漫之愛的冰點：不可持久

儘管人們對愛情有許多美好的想像，海誓山盟，發誓共度餘生，希望激情能一直持續，但是很可惜，結果極有可能做不到。

高峰過後就是低谷，一項基本事實是：人們結婚後浪漫的愛情會減弱。

隨著時間的流逝，人們在浪漫之愛的量表上的得分會下降。幾年後，甚至不用幾年，兩年後夫妻之間表達愛意就比剛結婚的時候減少了一半，他們不再含情脈脈地對視，不再飽含深情地熱吻，此時摸著對方的手就像左手摸右手。

原因是什麼呢？

- ### 新奇褪去

新奇這件事本身就充滿新奇。戀人之間的第一個吻會比以後無數個吻更讓人激動。而且追求「新異性」不只是人類，更是許多物種的選擇。

有個調查：假裝你是皇帝，你擁有後宮佳麗三千，不用考慮道德和社會約束，你有兩個選擇：第一個：和多個女人都發生一次性行為；第二個：和多個女人中最漂亮的那一個發生多次性行為。

你的選擇是什麼？

你的選擇只有你我知道，你放在心底就好。

心理學家把這種新奇對性的喚醒稱為「柯立芝效應」（Coolidge effect）。該詞來自一個老故事，據說美國總統卡爾文‧柯立芝和妻子參觀了一個家禽農場。在參觀中，柯立芝太太發現一隻公雞接二連三地趴在一隻母雞的身上。

「這隻公雞真勇猛！」柯立芝太太對農場主表示。「請告訴柯立芝先生。」第一夫人強調。

總統聽到後，問農場主：「這隻公雞每次都是為同一隻母雞服務嗎？」

「不，」農場主回答道，「有許多隻不同的母雞。」

「請轉告柯立芝太太。」總統道。

柯立芝效應以「渣」聞名，但是這在一定程度上展示了人類和其他物種的生物學本性。

我們知道生物體生命的終極目的就是要完成基因傳遞。從這個意義上說，後代最多的生物個體就是最成功的個體。

例如有眾多妻子的摩洛哥國王，得到他本人承認的子女就有 1,413 個，是傳說中擁有最多孩子的紀錄保持者，他可能因為此紀錄站在男人仰慕視線的金字塔頂端。

總而言之，「浪漫因新奇、神祕和危險而繁盛，卻因為熟識而消亡」。

- 幻想消失

　　愛人褪去了理想的光環，走進現實的柴米油鹽中，他（她）並沒有七彩祥雲，也不是蓋世英雄，他（她）也會吃喝拉撒、不修邊幅，甚至在你還沒吃飽的時候夾走盤子裡最後一塊牛肉。

　　關於親密關係中印象管理的研究發現，我們不會在熟人和愛人面前一直保持良好的形象。

　　人們與伴侶認識的時間越長，他們在約會的時候，在洗手間裡梳洗打扮自己的時間就越短。

　　反正無論我塗的口紅是端莊大氣的正紅色，還是溫柔賢淑的豆沙紅，抑或是鮮豔活潑的橘紅，你也分不清我的口紅色號。

　　我們對在親密伴侶面前所呈現的形象關注度，遠不如面對陌生人的在意。例如，我每天上課都會精心裝扮以示對師生的尊重。但是我週末在家可能連臉都懶得洗。

　　這可能是因為我們知道我們的好友和愛人已經洞悉了我們「畫皮」之前的真相，所以我們無須再掩飾。更有可能是因為我們太懶了，表現好的言談舉止需要專心、努力和自我約束，在家裡我們只想當一隻鹹魚。

　　浪漫之愛跌宕起伏的故事已經接近尾聲，浪漫之愛如果注定會消逝，漫長的婚姻歲月我們的愛情究竟該安放在何處？

　　敬請期待：相伴之愛。

## 6.4　請給愛情一個期限

心理學關鍵字：相伴之愛、婚姻荷爾蒙、友誼和承諾

羅大佑在一首歌裡唱：妳曾經對我說，妳永遠愛著我。愛情這東西我明白，但永遠是什麼？

如果愛情只是荷爾蒙，那麼隨著荷爾蒙的消退，我們的愛情靠什麼維繫？據心理學家們的統計，大多數婚姻破裂發生在結婚第四年，因為這個時候我們會驚恐地發現，愛情的魔力消失了。沒有了濾鏡，沒有了月暈，沒有了燈光，我們越來越能看清愛人本來的樣子。

原來他不是我想像的那個人。

她也不完全是我想像的那個人，但是和她相處我還是覺得快樂。

愛情在「癢」過後慢慢穩定，我們也從浪漫之愛逐漸走到愛情的另一個階段：相伴之愛。

# 友誼浮出水面

當問及數以百計結婚至少 15 年以上的夫妻，為什麼他們的婚姻可以持續，有兩個答案浮出水面。

1. 配偶是我最好的朋友
2. 我很喜歡配偶這個人

研究發現，有 44% 的年輕人在婚前表示，浪漫的情侶也是他們最好的朋友。浪漫之愛中，也許是激情的成分太耀眼，大家往往很難覺察到親密友誼的存在，反而在相伴之愛中，友誼終於浮出水面，堂堂正正地站到了聚光燈下。

曾有一句話用來形容婚姻：你們之間除了愛，還有肝膽相照的義氣，不離不棄的默契，以及銘心刻骨的恩情。

這段話把婚姻定義得價值太深遠，聽上去總覺得如果有人忘恩負義就應該被千刀萬剮，但是這其中的確包含了婚姻的三層含義：夫妻間的友誼、交情和價值觀，可能這才是婚姻穩定的關鍵。《小王子》裡面寫道：世界上有千萬朵玫瑰，個個熱情洋溢，嬌豔欲滴。但對小王子來說，只有他細心澆灌日日夜夜陪伴的「玫瑰」，才是他心底最珍貴的。浪漫之愛＝友誼＋激情，相伴之愛＝友誼＋承諾，原來友誼才是愛情發生、愛情持久、婚姻滿意的關鍵。

## 承諾保護傘

男性和女性誰更重視承諾呢？

毋庸置疑，答案是女性。

誰付出得多，誰就更重視。

正是女性在婚姻和生兒育女中付出太多、代價過高，所以女性在擇偶和婚姻上要比男性理智得多。

發現了嗎？生活中最先有保險意識、為家人購買保險的也通常是女性，女性更容易察覺到平靜現實背後的種種危機，她們的危機意識、憂患意識讓她們活得更久。

「不以結婚為目的的談戀愛都是耍流氓。」相較於男性對於短期關係和長期關係都有興趣，女性更執著於戀愛的長期關係，她們在擇偶中更加謹慎，女性對愛戀對象也更加挑剔，她們一般會選擇能做出承諾的對象結婚。所以，承諾是預測女性對親密關係滿意度的最重要成分。

女人對穿白紗當新娘這件事有深刻的執念，她們普遍認為，只要男人不願和她結婚，就不是真的愛她。

那麼，承諾真的有用嗎？承諾真能促進親密關係的發展嗎？

## 承諾是愛情的長期保險

　　承諾作為愛情三元素中的絕對理性成分，對一段親密關係的發展至關重要。承諾為愛情設定了一個期限，它指向親密關係的長期發展。

　　首先，承諾會促進順應的行為（accommodative behavior）。當我們的伴侶對我們發火的時候，你是選擇忍耐，還是激烈對抗、以牙還牙、以眼還眼？

　　如果你們是一段沒有承諾的短期關係，你可能選擇反駁，誰怕誰啊！誰怕失去對方？但是如果你們是擁有承諾的長期關係，你可能就會考慮、斟酌、冷靜，等他怒火平息，再秋後算帳，罰他跪主機板。

　　這種自我控制非常有利於親密關係的發展。具備情緒控制力是一個人成熟的標誌，我們通常會建議女性擇偶的時候要注意觀察這個男人的情緒控制能力。如果他現在就容易對妳大吼大叫，以後就可能對妳動手動腳。別看他現在愛妳愛得死去活來，妳覺得自己會是特例，但其實情緒控制不佳是他的人格特質，不會因為妳而改變。而且高自控的人也更有可能抵擋住誘惑。

　　總而言之，承諾讓你忍無可忍的時候，可以「從頭再忍」。

　　其次，給出承諾的人還表現出更大的犧牲意願（willingness to sacrifice）。

　　很多人都會問成功女性一個問題：如何維持事業和家庭的平衡？

　　哪裡來的平衡！每個人的精力都有限，投入家庭就很難投入事業，專心事業就很難兼顧家庭。如果你事業不錯、家庭圓滿，一定是你的伴侶做出了犧牲，他為了關係的融洽犧牲了個人利益。

　　承諾會使人們將自己和伴侶看成一個整體，它把「我」變成「我們」。

　　夫婦合體，夫妻同心，一榮俱榮，一損俱損，讓伴侶獲益就是讓自己獲益，承諾會讓你更加甘願包容犧牲。

當然，承諾不只是走苦情的路線，它還能讓你「飄飄然」。最後，承諾能改變你的認知，讓你對你們的關係更有優越感。

當關係中出現第三者，新聞裡只有原配怒斥、怒打小三，鮮少見到小三打原配。這是什麼力量？這是周圍「圍觀群眾」給予的道德和輿論的力量，也是法定承諾給予原配的理直氣壯。

綜上所述，透過以上三項論據，足以證明承諾是愛情的長期保險，是親密關係的保護傘。如果關係中的一方盲目忍耐犧牲，便會導致挫敗，但是如果伴侶雙方都這樣做，這種行為就會有力地保護親密關係，促進親密關係的持久穩定發展。

既然已經買下愛情保險，如何讓承諾這張保單生效呢？

## 婚姻荷爾蒙

相伴之愛與浪漫之愛有著不同的生理基礎，如果說多巴胺是浪漫愛情的催化劑，那麼催產素則是相伴之愛的見證者。

催產素可是人與人關係江湖中的「九華玉露丸」和「黑玉斷續膏」，外敷內服，包治百病。主要功能如下。

- 讓媽媽更愛寶寶：剛生完寶寶的媽媽，血液中會分泌大量的催產素，這些激素讓媽媽超愛自己的寶寶，擁抱寶寶，與寶寶喃喃細語，對寶寶微笑，無微不至地照顧寶寶。
- 讓愛人更愛彼此：與愛人的接吻和性行為會刺激催產素的釋放，性行為後的放鬆和相擁而眠也是催產素的傑作。
- 讓普通人更加互相信任：科學家發現催產素能夠影響一個人的慷慨或自私程度，他們稱之為「道德分子」。催產素可以提升同情心，讓人對陌生人更加信任，對家人更加依戀。

多巴胺和催產素在身體裡一直存在，所以很難出現絕對的浪漫之愛和相伴之愛，相伴的愛人可以體驗到激情，浪漫的愛人也能體驗到承諾，浪漫之愛與相伴之愛這兩種愛情的區分遠比我們這裡討論的還要模糊。

我們因為親密的友情互相喜歡，因為燃燒的激情而相愛，我們在愛情最濃烈的時候會承諾彼此永遠在一起。此時，承諾意味著分享、支持、誠實、忠貞和信任，有了承諾的愛情，會讓夫妻之間相互信任，他們會充滿希望地計劃未來的生活，會愛得更加熱烈，對愛情的滿意度更高。

最後用一句被說了千百遍也不厭倦的話來結尾吧，「如果要為我的愛情設一個期限，我希望是一萬年」。

## 6.5　拓展：喜歡和愛情的測量

史坦伯格認為愛情有三種成分，那麼這三種成分就會組成八種類型的愛，分別是：無愛、喜歡、迷戀、空愛、浪漫之愛、相伴之愛、愚昧之愛和完美之愛。

我們來簡單解釋一下愛的八種類型。

- 無愛：沒有親密、沒有激情、沒有承諾、我的世界一片荒蕪。
- 喜歡：只有親密，我們喜歡我們的朋友。
- 迷戀：只有激情，我們看見電影裡身材火辣的女性所產生的一種強烈的生理性喚起。
- 空愛：只有承諾，利益交換的婚姻便是如此。
- 浪漫之愛：親密＋激情，浪漫之愛常常出現在兩個年輕人身上，如校園中的戀愛，我們有感情基礎 —— 親密，也有浪漫故事 —— 激情，唯獨缺了承諾，感情難以持久。

- 相伴之愛：親密＋承諾，相愛的兩個人會努力維持深刻、長期的友誼，即使激情不再，這段親密關係依然長存，很多持久的婚姻就是擁有深刻的相伴之愛。

- 愚昧之愛：激情＋承諾，一見鍾情、強烈吸引、立刻結婚的婚姻往往面臨著重大考驗。雙方既沒有對彼此的深刻了解，也缺乏共同語言，這種愛情特別盲目，「閃婚」通常會「閃離」。

- 完美之愛：親密＋激情＋承諾，三者合一，這種完美之愛的狀態難以持久。

問題來了，如何區分友誼和愛情呢？如何區別喜歡和愛呢？

我們來看看心理學家魯賓的喜歡量表和愛情量表，可以幫助你判斷你到底是喜歡他（她）多一點，還是愛他（她）多一點。

在心裡默念一個人，然後對應兩個量表打分（是＝1，不是＝0），哪一分量表得分更高，你對他（她）的感情就更傾向於哪一種。當然，你也有可能會同時非常喜歡並且非常愛一個人。

## 喜歡量表

1. 當和他（她）在一起時，我發覺好像二人都有相同的心情。
2. 我認為他（她）非常好。
3. 我願意推薦他（她）去做被人尊敬的事。
4. 以我看來，他（她）特別成熟。
5. 我對他（她）有高度的信心。
6. 我覺得和他（她）相處過的人，大部分對他（她）都有很好的印象。
7. 我覺得他（她）跟我很相似。
8. 我願意在班級或團體中，做任何事都投他（她）一票。
9. 我覺得他（她）是許多人中擅於讓別人尊敬的一個。

10.我認為他（她）是十分聰明的。

11.我覺得他（她）在我所有認識的人中，是非常討人喜歡的。

12.（他（她）是我很想學習的那種人。

13.我覺得他（她）非常擅於贏得別人的好感。

## 愛情量表

1.　他（她）情緒低落時，我覺得很重要的職責就是使她（他）快樂起來。

2.　在所有的事件上我都可以信賴他（她）。

3.　我覺得要忽略他（她）的過失是一件很容易的事。

4.　我願意為他（她）做所有的事情。

5.　對他（她）有一點占有欲。

6.　若不能跟他（她）在一起，我覺得非常不幸。

7.　如果我很孤寂，首先想到的就是去找他（她）。

8.　他（她）幸福與否是我很關心的事。

9.　他（她）不管做什麼，我都願意寬恕她（他）。

10.我覺得他（她）得到幸福是我的責任。

11.當和他（她）在一起時，我發現我可以什麼事都不做，僅僅用眼睛看著她（他）。

12.若我也能讓他（她）百分之百地信賴，我覺得十分快樂。

13.沒有他（她），我覺得難以生活下去。

總體來說，喜歡是簡單的，愛情是複雜的。

喜歡只包含親密這一個成分即可，愛卻擁有親密、激情和承諾。

喜歡是淡淡的愛，愛是濃濃的喜歡。喜歡是愛情的初級階段。

很多人由友誼昇華成了愛情，卻很難從愛情再退回到友誼。

喜歡是前進的，愛情卻是後退的。

## 第6章　冰點與沸點

　　人們會因為朋友漂亮、個性好、能力強而喜歡他們,而人們愛自己的愛人,是因為需要他們,並且願意為對方做所有的事情。愛情是包容,是寬恕,是恆久忍耐。

　　我喜歡你是因為你什麼都好,我愛你是因為你就是你。

# 第 7 章　愛情經濟學

## 7.1 論愛情合作有限公司的開業

心理學關鍵字：相互依賴理論、獎賞和代價、適配價值、比較水準

小 A 最近忙於相親，她偷偷告訴我，她要找個 100 分的男人，我一聽就覺得大事不妙。

果不其然。相親對象 1 號非常優秀，是個大學教授。對，你沒有看錯，教授，年輕的教授，歸國青年、才華橫溢、勤奮踏實，相信不出 10 年，一顆閃閃發光的學術新星將冉冉升起。

小 A 和他見了一面，最後不了了之。原因如下：對方出身農村家庭，雙方沒有共同語言，對方長期專注於事業，沒有力氣去關心她的情感需求。

相親對象 2 號也不錯，公務員、都市人、家境優越、工作穩定。

小 A 和他見了一面，又沒有結果了。原因如下：他家庭環境好，但不求上進，學歷普通，又是公務員，沒有「錢」途。

相親對象 3 號很可愛，程式設計師、腦筋靈活、風趣幽默，有生活情趣。

小 A 和他見了一面，結果還是吹了。原因如下：程式設計師表面上很賺錢，但是只能吃「青春飯」，社會地位不夠高，她爸媽不會同意。

小 A 的問題在哪裡？

她想要一個怎樣的愛人？

有才華、有品味、有經濟實力、對她好、溫柔體貼、脾氣好，還得高大帥氣，最好有八塊腹肌……

好吧，那麼她自己呢？

## 愛情可以是個商業故事

愛情大師羅伯特‧史坦伯格最廣為人知的是他的愛情三元論，可是，當他更老了以後，他變得寬容平和，覺得對愛情的要求不能那麼多，他突然頓悟，原來愛情是一個故事。

你覺得自己是蒙塵的潛在公主，期待有個王子騎著白馬來拯救自己，這是童話故事。

你熱衷於和自己思索不透的異性戀愛，覺得這種感情又興奮、又刺激、又恐怖，這是恐怖故事。

如果愛人離你而去，你的生活將是一片空白，你的世界都成廢墟，這是成癮故事。

愛情像是玩電腦遊戲，通關很刺激，打輸了也沒關係，那種輸贏不確定的感覺才好玩，這是遊戲故事。

愛情像是養一盆花，不加照顧、不給予陽光雨露就會枯萎，這是園藝故事。

你喜歡同時約會不同的對象，每個對象都不一樣，這是有收藏癖的收藏家的故事。

還有許許多多的人相信親密關係是合作關係，這是商業故事。

史坦伯格表示，一段感情是否幸福、能否維持，很大程度上取決於男女雙方關於愛情的故事是否相配。

現在，我們來想像愛情是個商業故事。如果你去買一件衣服，你會選擇什麼樣的？

最好看的並且最便宜的！

聽上去像是做夢，當我每次在打折的貨架上好不容易挑到一件順眼的衣服，剛驚喜地把它拿下來，身邊就響起櫃臺女性溫柔的聲音：「哇，您眼光真好，這件是新款，沒有折扣，不好意思，我們不小心掛錯了貨架。」

好看並且便宜的確是人們的理想追求。

那麼，想像一下我們像購物一樣在「人際百貨公司」裡瀏覽，我們在尋找什麼樣的伴侶呢？

回報最大和成本最低的！

聽上去更像做夢。不過，心理學認為，我們的確只會與能夠提供足夠利益的伴侶維持親密關係。

親密關係也是一種社會交換，主要是情感交換。

那麼，什麼叫足夠利益呢？

## 愛情合作有限公司如何盈利

先來理解兩個專業詞彙：親密關係中的獎賞和代價。

如何讓你的公司盈利？答案：利潤大於成本。

如何讓你的愛情盈利？答案：獎賞大於代價。

獎賞：我們在交往中所有想得到的，能帶來滿足感的事情，有物質的，也有情感的。

愛人的一束花，讓我自己感到被愛、被重視、被放在心上，這是獎賞。

當我受到挫折的時候，愛人擁抱我、鼓勵我、安慰我，讓我覺得自己被理解、不孤單，這也是獎賞。

代價：我們在交往中不想擁有的經歷或者有心理負擔的事情。

很多人向我哭訴：老師，我連自己都養不活怎麼戀愛啊！

對，談戀愛的確增加不少開銷，這是代價。

同時有兩個男孩追我，我選擇了 A，就意味著放棄了 B，為了一棵樹放棄整片森林，遺憾也是親密關係的代價。

結果＝獎賞－代價。結果分數越高，公司賺得越多，我們越滿意嗎？

## 你對愛情公司滿意嗎

如果獎賞高於代價，我們就會覺得這個「愛情買賣」划算嗎？

小 A 說：我的結果有 10 分，我一定對我的親密關係很滿意。

小 B 說：不會吧，我的結果只有 2 分，我是不是該考慮分手了？

「結果 10 分」的關係一定比「結果 2 分」的關係更讓人覺得滿意嗎？

做個對比，小 A 一個月賺 1 萬塊錢，小 B 一個月賺 2,000 塊錢，小 A 比小 B 對收入更滿意嗎？

表面看好像是這樣。

但是，如果小 A 以前一個月能賺 2 萬塊錢，小 B 以前一個月只能賺 800 塊錢呢？

還有，如果小 A 覺得自己明明能賺 5 萬塊錢，現在卻只能賺 1 萬塊錢，小 B 覺得自己根本就賺不到錢，現在卻有個公司居然願意給他 2,000 塊錢。

你此刻還會覺得現在賺 1 萬塊錢的小 A 比現在賺 2,000 塊錢的小 B 更開心嗎？

感受到愛情經濟學的複雜性了嗎？好戲還在後頭。

客觀結果的多少並不能衡量我們對愛情的滿意度，「比較水準」才是衡量愛情的溫度計。

比較水準，也就是人際關係的期望收益，它決定了我們親密關係的滿意度。

你判斷你的愛情買賣是否划算，那得看你的期望值是多少。

你的期望值是多少，得看你以前擁有多少。

月收入 1 萬塊錢的人不會覺得買個蘋果吃就開心。

從來沒有收過禮物的窮孩子可能收到 5 塊錢的蝴蝶結就開心得跳起來。

如果你的期望值很低，如果你感到非常缺愛或者非常自卑，你的池塘裡

只有一條魚，哪怕這條魚真的不怎麼樣，你仍然對這條魚越看越滿意。

同理，如果你的期望值很高，你本來就是眾人歡迎的萬人迷，就算遇到一條錦鯉，你可能也覺得不過如此。

關鍵在於：你的期望值和比較水準。

你期望伴侶 60 分，結果你找到了一個 80 分的男人，你很滿意，你覺得自己賺到了。

你期望伴侶 100 分，結果你找到了一個 90 分的男人，你很鬱悶，你覺得自己虧本了。

小的時候我們都「沒頭腦」，長大以後我們都「不高興」。

為什麼長大後越來越難開心？我們的期望值升高了，我們的要求變多了。

## 7.2　論愛情合資有限公司的倒閉

> 心理學關鍵字：替代選擇、適配價值、四種類型的關係

### 離婚的「正當」理由

朋友小 A 找我傾訴：我和我老公沒有任何共同語言，完全無法溝通，他每天忙於他的工作，完全不顧家庭、不給錢、不帶小孩、不照顧爸媽，全家都靠我一個人，我覺得有老公和沒老公都一樣。

我問：為什麼不離婚？

小 A：離婚？好像也沒有到離婚的地步吧，總覺得大部分人的日子都是這樣過，不過我心底還是想離婚的，我有時候偷偷希望他出軌，我就可以名正言順地離婚了……

原來，離婚還需要一個名正言順的理由。

這個理由是出於對婚姻的不滿意，感覺不幸福、不快樂嗎？

不，在現實生活中，這些看似理所當然的離婚理由反而很難導致真正的婚姻破裂。

什麼是衝擊親密關係的核武器？

替代選擇。也就是傳說中的第三者，它才是婚姻破裂最理直氣壯的理由。

親密關係中的殘酷物語：不是所有幸福的親密關係都會長久；不是所有不幸福的親密關係都會破裂。

## 替代選擇決定親密關係是否長久

替代選擇是親密關係中最深刻有趣的發現，替代選擇會決定我們對這段關係的依賴程度。

A. 如果其他的關係能帶給我們更好的收益，即使我們對現狀還滿意，我們也有可能離開現在的伴侶。

案例：我和男朋友關係一直不錯，愛情長跑了 7 年，雖然平淡卻很溫馨。沒想到他去某地出差一趟回來就全變了。我知道，因為他遇見了一個比我更好的女孩，平靜的小溪怎麼能和驚濤駭浪相比較呢？

B. 即使我們對親密關係不滿意，在沒有更好的替代選擇出現之前，我們也不可能脫離現在的關係。

案例：我每天都和老婆爭吵，十分痛苦，我也不願意回家，但是怎麼辦呢？你問我有沒有想過離婚，其實也是想過的，但想到痛苦的孩子、憤恨的老婆、失望的父母、不解的朋友，算了，還是就這樣繼續下去吧，而且我們現在人到中年，真的離了婚，又能再找到什麼樣的人呢？

既然涉及替代選擇，當然就有比較衡量，就有對自己的判斷。此時，另一個重要概念登場：適配價值，也就是我覺得自己值多少分。

我多少分？你多少分？我們相配嗎？

替代選擇與我們的自尊密切相關，因為很多時候所謂的「能不能找到更好的替代選擇」是我們主觀認識的產物，人們如果自尊低，會懷疑自己的吸引力，從而低估自己，不看好自己另一段感情的前景，或者根本就認為自己沒有其他任何的出路，於是，就會沒有能力從一段不好的關係中掙脫出來。

當然，資訊的獲取也非常影響一個人的判斷，如果你是一個家庭主婦、全職太太，你得到的替代選擇資訊就會非常有限，與那些見多識廣、擁有自己職業的女性相比較，你的替代選擇會少很多。

讀到這裡你可能會失望，親密關係真的完全是衡量和買賣嗎？

讓我帶給你一些好消息吧。研究發現，如果你對你的親密關係滿意度很高的話，你真的沒什麼興趣去觀察和注意周圍還有哪些「花枝招展」的替代選擇。

## 四種類型的婚姻關係

比較水準決定我們對親密關係是否滿意，替代選擇決定我們的親密關係是否長久，於是，我們擁有了四種類型的親密關係。

### ・ 第一種：不幸福也不穩定的關係

你一天到晚只知道「買買買」，你卻嫌我賺得不夠多。

我安裝了多個交友軟體，常在網上和陌生人聊天搭訕，你每天在酒吧對各種「潛在對象」暗送秋波。我們積極地尋找其他出路，盡量早日彼此脫身。

我們結婚以來價值觀和目標從未一致，但是在盡快離婚這件事上簡直默契十足，堪稱知己好友。

這種婚姻關係稱作「雙低」關係，滿意度低、依賴度低，是既不幸福又不穩定的關係。

## · 第二種：不幸福但穩定的關係

我嫌你沒有能力、木訥、不主動，混了好多年還是小公司職員，但是攬鏡自照，我也早已是身材走樣的黃臉婆一個。

我們每天為雞毛蒜皮的事爭吵，經常把「日子過不下去了」掛在嘴邊，卻不會真正離婚，都過了這麼多年了，早就不是親人勝似親人，買賣不成仁義在，怎麼能說散就散。況且，我現在這個年齡哪能再找個好男人？妥協著過吧，沒有誰不向生活妥協。

這種婚姻關係滿意度低、依賴度高，非常穩定。高穩定和低品質，是常見的夫妻關係。

## · 第三種：幸福但是不穩定的關係

我和我先生關係很好，我們個性合拍，相處愉快，唯一美中不足的是我們兩個人都太忙了，他每年滿世界跑，我也是大部分時候都在加班，一年能相聚的日子不超過 2 個月。有時夜深人靜突然發現我已經想不起他的臉。有時候我也會想，愛情是需要時間來灌溉的，會不會他已經在異國他鄉遇到了一個更適合的女孩呢？

我和我的妻子感情不錯，她是那種典型的獨立成熟新女性，我欣賞這一點。我們兩個都不怎麼依賴對方，我一年到頭到處出差跑業務，她也是常常忙得不見人影，有時候覺得我們這種相處模式很好，給了雙方最大的自由，有時候覺得她會不會希望身邊的人陪她更多呢？但是現階段的我還做不到。

這種婚姻關係滿意度高、依賴度低，是幸福但是不夠穩定的關係。

- 第四種：幸福並且穩定的關係

　　我對我們的關係超級滿意，我和先生非常相似，大家都是超級懶惰的平凡之人。他不是大帥哥，沒有一個「妹妹」跳出來誘惑他，我更不是絕世佳人，絕對不會跳出來一個「竹馬」對我表明心意，我們就是世界裡最平凡的小夫妻，沒有那麼多的選擇，也沒有那麼多的誘惑，我覺得我們真的可以到白頭。

　　這種關係滿意度高、依賴度高。是又幸福又穩定的關係。

　　我愛你，你愛我；我 7 分，你 8 分，我們差不多，所以投向彼此的目光都帶著欣賞和惺惺相惜；我們相互了解而且互相依賴，順境時能夠分享快樂，逆境時能夠相互支援；我們知足常樂，珍惜緣分，我們覺得一起經歷過世事最難得，所以不會因為周圍的花花草草迷失方向。

　　只有每項條件奇蹟般地都具備，兩人的愛情合作有限公司才能蒸蒸日上。

　　親愛的讀者，你現在處於哪種親密關係中呢？

## 7.3　論公司兩大股東的權力賽局

心理學關鍵字：
人際剝削法則、最小興趣法則、付出較少法則、愛的「馬太效應」

　　今天我要講一個故事，一個付出者的故事。

　　小花和小偉是同一個家鄉考進大學的，他們彼此有著相似的背景：家庭不富裕，父母能力有限，都有幾個弟弟妹妹需要照顧，所以他們彼此相互了解、相互體恤。他們都有相似的追求：希望透過個人努力和奮鬥，改變自己和家人的命運，所以他們相知相惜，互相鼓勵。

他們兩個都很勤奮，成績都很好，兩個人都能保送研究所，但是如果兩個人都繼續深造，嗷嗷待哺的弟弟妹妹怎麼辦呢？

兩人經過商量和權衡，決定一個人放棄讀研究所去賺錢。

那麼，誰放棄呢？

最後放棄的是小花。她想：「我是女孩，學歷比自己男友高太多也不好，而且我和小偉既然決定了以後在一起，他出人頭地後一定不會辜負我對不對？」

於是小花去打工，供養兩家的弟弟妹妹讀書，小偉留校深造，他非常優秀，讀完了碩士讀博士，讀完了博士娶了指導教授的女兒。

小花來我諮商室痛哭：「我為他付出這麼多，他的良心被狗吃了？」

親密關係是個溫馨的詞語，但是卻擁有現實而殘酷的法則，今天讓我們一起來揭祕。

# 人際剝削法則

在任何關係中，操心較少的人對操心較多的人擁有剝削權力。

新手媽媽最容易抱怨，每天照顧孩子操心得要命，老公簡直是個「巨嬰」，完全不能期望他做什麼！當然，如果你每天堅持 24 小時做孩子的貼身保姆，親力親餵他喝奶、陪他玩耍、幫他洗衣服、半夜哄他睡覺……

當好心人建議妳：妳老公可以幫忙啊，生孩子他也有出力啊……

妳一臉嫌棄地說：他什麼都不會，怎麼可能做得好？

恭喜妳，妳老公可以悠然自得地做個大老爺，他擁有了繼續剝削妳的權力。

朋友小 A 跟我分享：在一個寒冷的冬夜，孩子半夜哇哇大哭，我和我老公都躺在床上，都不想離開溫暖的被窩，我踢他的腿讓他下床，他踢我的腿讓我下床，我們一直在忍耐、在比賽、看誰先熬不住。最終，我老公翻身下

床去哄孩子，我長長地鬆了一口氣，以後夜夜起來哄孩子的就是他了，我終於可以睡個好覺了。

## 最小興趣法則

在任何關係中，對繼續和維持目前關係興趣較小的人擁有更大的權力。

我們來看看傳統婚姻，為什麼傳統婚姻中男人擁有絕對的權力？

男主外，女主內。

簡單的內外二字差別，人生不同的打開方式，完全是不一樣的人生風景。

男人的世界向外打開，他可以看到崇山峻嶺、星辰大海。在追尋事業的過程中，男性開闊了眼界，擁有更多的選擇和更多的興趣。當然，他們會遇到更多潛在的優秀伴侶，如美麗幹練的女客戶、漂亮溫柔的女祕書等。

反觀女性，她的世界完全向內開放，家庭可能是她唯一的天地，家庭也可能是她唯一的興趣和支柱。她的視野越來越小，她根本遇不到有趣又優秀的男性。

這樣一來，男性對關係的興趣遠遠小於女性，於是，男性可以擁有更多的權力。有經濟條件的男性甚至會扔給妻子這樣的「糖衣砲彈」：妳不用工作，工作多辛苦啊，妳看誰誰誰，天天忙工作，老得多快；我負責賺錢養家，妳負責貌美如花。

丈夫建議妻子不去工作，以便維持現存關係的權力結構。所以，女性一做全職太太，就把親密關係中的權力完全拱手讓人。

## 付出較少法則

在親密關係中，投入或者付出更多的一方更不願意結束關係。也就是說付出較少的一方擁有更大的權力。

我們繼續講小花和小偉的故事，小花在我諮商室痛哭後，小偉也來到我的辦公室，他說：「她為我付出這麼多，一般人聽了，只要不是鐵石心腸，都會被打動吧？為了省錢，她通常很少會來看我，但是我們每天都會通話，都會視訊。她所有的話題都是，最近好累，你要努力啊；你要多發論文，這樣才有可能留校發展；工作好辛苦，但是我為你堅持著……」

「這些話聽一兩天我還蠻感動的，可是每天聽這些內容，我壓力大得要命。讀博士對於我們這些貧寒出身的人來說就是一條不歸路，人生沒有重來的機會，只能成功，不能失敗。當課題不順或者和指導教授關係緊張的時候，我越來越睡不著覺，頭髮越掉越多，我開始不敢接小花的電話，我開始逃避……這個時候我遇見了我指導教授的女兒，她每天安慰我說，沒關係，千萬不要給自己這麼大的壓力；你就算博士畢不了業也比其他人優秀得多。和她在一起是多麼單純、多麼快樂、多麼無憂無慮啊……在感情上我辜負了小花，我有了道德汙點，但是我沒有辜負自己，我的心的確變了……」

據說，很多人在這個故事中看到了自己。

很多人，特別是女性會有一種錯覺，覺得在兩性關係中的付出有一種天然的高尚感和道德感。我在付出，我在犧牲，我多麼無私啊；我付出這麼多，他一定會珍惜，除非他良心被狗吃了，結果，他的良心果然被狗吃了。

這種過多、過剩的付出感是一種執念，是病。過度付出的人只感動了自己，感動不了他人。

更何況付出背後還有另外一層意味，即如果我對你好，你就應該對我好；如果我把心都給了你，你也必須把心都給我；如果你欠我的人情，你就應該按照我想要的方式來還。

過度地付出是枷鎖，鎖住了付出者，也鎖住了接受付出的人。

很多人寫信給我，信中說：「老師，我知道一味地付出沒有好結果，但是我發現我就是付出型人格，除了付出我不知道還能用什麼來獲取別人的愛。

小的時候，我用付出獲得父母的愛；長大點，我用付出獲得老師的關注；再長大點，我用付出獲得上司的青睞；結婚後，我用付出贏得老公的心；生孩子後，我用付出贏得孩子的愛。這個心理模式和行為模式在我小的時候已經根深蒂固，現在叫我不再付出，我根本做不到。」

你當然需要付出，任何一段親密關係都需要付出，但是需要雙方的付出。

心理學家告訴我們，一段關係，越付出，越珍惜。我們每個人愛的都是自己，所以我們最愛的都是自己的付出。

讓伴侶珍惜我們的關係的方法其實很簡單，我們付出的同時讓對方也付出，越付出，越珍惜，越離不開，如果我們雙方都努力付出，悉心培育，我們的親密關係就會茁壯成長，堅如磐石。

最後談一談愛情上的「馬太效應」，也就是但凡他有的，還要給他，叫他多多益善；但凡沒有的，便要連他所有的，也要一起奪來。

貧窮和匱乏，會讓人視野狹窄，看不到除了你缺乏的目標以外的東西，如果人的整個生活只為了錢或者愛而運轉，反過來就會加劇貧窮並且缺愛。

窮者愈窮，富者愈富，在愛上也是一樣。

缺愛者越來越缺愛，多愛者越來越多愛。

內心缺愛 —— 極度渴望愛 —— 為了獲取愛，極度壓抑自己，不斷付出愛，因為愛的不對等，付出者覺得得到不夠，獲取者覺得壓力太大，最終失去愛。

原生家庭幸福的孩子，本來愛就充足的孩子，獲得愛並且延續幸福的能力也就越強；而原生家庭不幸的孩子，愛本就匱乏的孩子，有更大機率複製上一輩的行為模式，更有可能導致不幸。

親愛的讀者，你們也許有一天會為人父母，或者已經為人父母，你知道你給孩子的第一份愛有多重要嗎？

畢竟，你們就是孩子的原生家庭啊。

# 7.4　愛情銀行的不平等合約

心理學關鍵字：相互依賴理論、獎賞和代價

　　朋友小 A 的故事：本週一到本週四，我男友都送我上下班。週五的早上，男友告訴我，今天他有事，我必須自己搭車上下班。我一聽火冒三丈，為什麼是週五，難道不知道今天搭車多難嗎？有什麼事比你女友更重要，你根本就不重視我！

　　如果純粹以獎賞和代價來計算親密關係，小 A 與男友的愛情帳簿上應該是週一到週四得 4 分，週五減 1 分，總而言之，本週的得分依然有可觀的 3 分。但是為什麼小 A 與男友大吵一架，整個週末都在僵持和冷戰中度過呢？

## 代價比獎賞更有力量

　　大多數人的愛情軌跡似乎都是一條拋物線，上升到頂點後，隨著歲月的流逝，親密關係的濃度會慢慢下降。

　　有人說，相愛容易相處難。

　　有人說婚姻的難處在於，你和一個人的優點結婚，卻和一個人的缺點過日子。談戀愛的時候，你覺得你的愛人全身上下都是優點。結婚以後，你覺得你的愛人全身上下都是缺點。

　　調查發現，許多親密關係中存在大量的不愉快事件。

　　根據大學生情侶報告，他們每週都會吵架大約 8 次，相當於一天一小吵。

　　許多年輕人抱怨，上一週自己的愛人至少有一次表現得挑剔、固執、自私或者不可靠。

　　已婚伴侶也不能倖免，他們每個月也要發生一次到兩次不愉快的爭執。果然，就算是再恩愛的伴侶，一輩子也有 500 次想要掐死對方的衝動。

真的是因為我們變得更差勁了嗎？

為什麼我們總是想起愛人對我們不好的地方呢？

因為在我們的愛情銀行裡有個不平等條約 —— 壞的比好的更有力量。

我有門「愛情心理學」的課，幾萬人學習，我有段時間熱衷於瀏覽同學們對我課程的評價，因為評價好，我當然樂於瀏覽，這樣就可以每天「飄飄然」。

但是，在大量的正面評價中夾雜著幾個負面批評就特別刺眼，比如：「老師，妳說好看的人順風順水，贏在了人生的起跑線上。那妳長成這個樣子，妳的人生該怎麼辦呢？」

100 個讚，1 個負面批評，你卻只對後者記憶猶新。

「你做得很棒，這麼短的時間顧及品質完成了任務，但是如果你思慮得再周全一點就好了。」這句話你覺得重點在哪裡？果然人生最怕是「但是」啊。

心理學結論：失去比同等程度的得到影響力更大。我們喜歡得到，但是我們更憎恨失去。

## 五個笑臉才能抵消一個哭臉

如果說代價比獎賞的力量強，想要維持我們的親密關係，我們需要多少的獎賞才能抵抗代價呢？

據說心理學家有個特殊技能，觀察一對夫妻吵架 5 分鐘，就能準確預測他們是否會離婚。

你確定這是心理學而不是魔法？那 5 分鐘到底發生了什麼？

真實的心理學實驗是這樣的：約翰·高特曼和另一位心理學家兩個人觀察了不同夫妻爭論的情景，對伴侶在爭論中的每一個行為進行編碼。友善的、尊重的、善意的、和解的行為加 1 分，憤怒的、防衛的、輕蔑的行為減 1 分。

研究發現，夫妻之間分數越高，夫妻之間溝通談話的時間越長，這些夫妻離婚的風險越低；夫妻之間分數越低，夫妻之間溝通談話的時間越短，他們離婚的風險越高。

實驗進一步發現，他們的正面交流和負面交流的比率大概維持在 5：1 或者更高，才能保持滿意的親密關係。

也就是說，要保持我們的愛情銀行收支平衡，每次存進去 5 塊錢，只能領出來 1 塊錢。

你得做五件讓愛人開心的事，才能抵消你做一件讓愛人傷心的事。

所以，當你尖刻、諷刺、輕蔑的話即將脫口而出的時候，請先估計一下衝動的懲罰吧。

## 追求獎賞和逃避代價，你是哪一種

有的人打麻將會孤注一擲，甘冒風險，享受贏的樂趣和刺激。

有的人打麻將會小心謹慎，寧可自己不和，也不讓對方和，盡量規避風險。

親密關係中同樣也有這樣的人。在處理親密關係中，我們總是渴望獲得更多的獎賞，逃避更多的代價。

當我們追求更多親密關係中的愉悅和獎賞時，這個時候的動機叫做「接近動機」（approach motivation）。追求愛情是戀愛的重要動機，我和你在一起心跳加速、興奮不已。

當我們迴避痛苦或者逃避代價的時候，此時的動機叫做「迴避動機」（avoidance motivation）。很多人不願戀愛、不敢戀愛、害怕付出、害怕受傷。

很多人認為我們追求獎賞和迴避代價是硬幣的兩面，其實不然，在親密關係中，獎賞和代價完全是可以共存的。

例如，武俠小說《倚天屠龍記》中，金庸先生用 8 個字形容張無忌對周芷若和趙敏的感情，十分精妙：我對芷若是「又敬又怕」，我對趙敏是「又愛又恨」。

如果一個人讓你又愛又恨，她溫柔起來讓你心跳破表，她冷酷起來讓你咬牙切齒。這就是典型的獎賞與代價都高的關係。

根據兩種動機的不同，親密關係又可以分為以下四種類型。

第一種：充滿快樂和風險的關係。接近動機高，迴避動機低，即是高獎賞和高代價的關係。好的時候甜似蜜糖、壞的時候拔刀相向，這種關係是高風險的，又是刺激的，兩個人每天上演間諜片、雲霄飛車，享受的就是心跳加速的快感。

第二種：充滿快樂且安全的關係。接近動機高，迴避動機高，即是高獎賞和低代價的關係。這種關係是豐盛的，是滋養人的，雙方互相喜歡，且雙方情緒穩定，價值觀一致，非常和諧。

第三種：獎賞少而代價高的關係。接近動機低，迴避動機低，這種關係是痛苦的。兩人一見面就爭吵不斷，相互挑刺，大概隨時都會提分手。

第四種：安全且沒有樂趣的關係。接近動機低，迴避動機高，這種關係是沉悶的，兩個人的關係沒有流動、沒有活力、死氣沉沉、快要窒息。

綜上所述，接近動機和迴避動機組合在一起影響我們的情感體驗，有時候愛情讓人狂喜，但是充滿擔憂；有時候感情很安全，但是沒有樂趣。只有兩種動機都實現的時候，人們才會覺得又快樂、又安全，充滿十足的幸福感。

# 7.5　拓展：親密關係中自尊的測量

　　心理學家莫瑞和同事發明了一個量表用以研究親密關係中的自尊。量表名稱叫做：伴侶怎麼看我。

　　高自尊的人相信自己的伴侶非常尊重自己，而低自尊的人則擔心伴侶不夠喜歡或尊重自己。你認為伴侶是怎樣看待自己的呢？

　　對於下面列出的特質或屬性，請你指出你認為你的伴侶如何看待你。例如，如果你認為伴侶對你「自信」上的評價是中等的，你就選「5」。請你填寫下面的量表。把你選的數字填在每項特質或屬性左邊的空格裡。

| 1 | 2 | 3 | 4 | 5 | 6 | 7 | 8 | 9 |
|---|---|---|---|---|---|---|---|---|
| 一點也不 | | 有一些 | | 中等程度 | | 非常符合 | | 完全符合 |

我的伴侶認為我

（　　）親切並富有愛心　　　　　（　　）懶惰

（　　）包容和接納　　　　　　　（　　）冷淡

（　　）挑剔並喜歡批判　　　　　（　　）開朗活潑

（　　）粗心大意　　　　　　　　（　　）抱怨

（　　）自信　　　　　　　　　　（　　）控制欲和支配欲

（　　）有耐心　　　　　　　　　（　　）多愁善感

（　　）喜歡社交、外向　　　　　（　　）詼諧幽默

（　　）理性　　　　　　　　　　（　　）幼稚

（　　）聰明　　　　　　　　　　（　　）喜怒無常

（　　）善解人意　　　　　　　　（　　）熱情

第 7 章　愛情經濟學

　　有趣的是，你可以把此量表給你的愛人做，測一測「他眼中的你」和「你認為他眼中的你」有什麼不同？然後來一次甜蜜的探索溝通吧。

　　如果差別不大，恭喜你們，你們兩個已經達到了靈魂伴侶的階段；如果差別很大，也不要擔心，這會幫助你們更加深刻地了解彼此。

# 第 8 章　愛情學分課

## 8.1　誰決定了我們的愛情學分

心理學關鍵字：依戀

很多人迷信愛情是一場宿命。

不然為何有的人幸運得像神明眷顧，輕輕鬆鬆總能獲得真愛？

不然為何有的人在愛情中長途跋涉，不是求而不得，就是得而復失。

如果認為愛情是一場宿命，那麼這個宿命的名字應該叫做媽媽，我們的媽媽決定了我們的愛情學分。

### 「依戀」解釋媽媽和寶寶的關係

有段時間心理學家發了瘋似的研究「依戀」（attachment），彷彿找到了江湖中失傳的十全大補寶典，可以用它來解釋所有的親密關係。

發展心理學家約翰・鮑比是依戀界的創始人，他用依戀來解釋寶寶和主要照料者（通常是母親）之間的關係。如果說母愛是顆糖，我們來看看給糖與不給糖的區別。

一直給糖型：寶寶 A 餓了，他哇哇大哭，媽媽一直在身邊備戰，她們能夠立刻趕來，抱緊寶寶，溫柔撫摸寶寶，立刻滿足寶寶的需要，餵吃的、餵喝的，親吻寶寶，跟寶寶輕聲細語地說話。

這時，寶寶會打個飽嗝，在媽媽的懷抱裡安穩地睡去。他邊睡邊微笑，順便做了個美夢，這個世界多安全、多美好、多令人信賴啊。慢慢地，這些幸運的兒童就發展出了「安全型依戀」。他們對這個世界和他人充滿信任，他們很容易與人輕鬆快樂地交往。

愛給不給型：寶寶 B 也餓了，他哇哇大哭，媽媽心情好的時候，就及時跑來餵食寶寶；媽媽心情不好的時候卻對寶寶不理不睬。

這時，寶寶 B 就會對媽媽產生焦慮、複雜的感情，他完全無法判斷媽媽對自己是愛還是不愛，這個糖到底會不會來，他就會產生「焦慮–矛盾型（anxious-resistant）依戀」。他們對愛既充滿渴望，又充滿懷疑，緊張兮兮、過分依賴。

一直沒糖型：寶寶 C 同樣餓了，他哇哇大哭，媽媽不是根本就不在身邊，就是直接一巴掌打上去說：「你哭什麼哭，沒看見我累得要死嗎，每天在家服侍你們一家老小，你就不能不要鬧嗎！」

這時，寶寶 C 很委屈，他覺得媽媽不愛他，媽媽靠不住，根本沒有糖。他們會在人際關係上畏縮不前，表現出「迴避型依戀」。他們對世界和他人不信任，很難建立親密關係。

心理學家把寶寶 ABC 全部召喚到一起繼續做實驗，實驗內容如下：先讓媽媽和寶寶分開，觀察寶寶的反應，再讓媽媽回到寶寶身邊，觀察寶寶的反應。如圖 8-1 所示。

· 安全型的寶寶 A：媽媽離開的時候他們表現出不開心，但是他們很快能平靜下來，然後開始勇敢探索新的環境。他們願意與陌生人溝通並表現出友善，等媽媽回來的時候，他們興高采烈，飛一般地撲向媽媽，和媽媽溫暖互動。這些孩子在人群中的比率約為 60%。

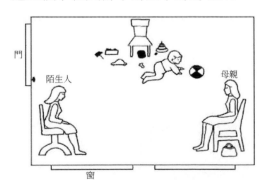

圖 8-1

- 焦慮──矛盾型的寶寶 B：當媽媽離開時他們會表現得極度抓狂、崩潰，而當媽媽回來時，卻不願意立刻投入媽媽的懷抱。他們一方面想要得到媽媽的安撫，另一方面又想懲罰媽媽的離開。他們又焦慮、又矛盾、又彆扭。這些孩子在人群中的比率約為 20%。
- 迴避型的寶寶 C：當媽媽離開時，他們並沒有表現出不高興或有壓力，當媽媽回來時，他們會主動迴避和媽媽的接觸，保持和媽媽的距離，有的會把注意力轉向地面上的小東西，彷彿那些小東西比媽媽的吸引力更大。這些孩子在人群中大概占了 20%。

## 依戀解釋成人後的人際關係

好了，精彩部分來了，當寶寶 ABC 長大成為大人 ABC，小時候的依戀類型對他們成人後的人際交往和親密關係又有怎樣的影響呢？

心理學研究結果震驚了世界：在成人的世界，幸運兒還是那 60%，不幸的人則是那剩下的 40%。

一項研究調查了美國的年輕人，大概有 60% 的人認為他們和別人相處輕鬆愉悅，他們很容易信賴他人，他們的親密關係是安全又穩定的。這些人回憶自己的童年經歷，他們大多擁有充滿愛心的、溫暖的、充分支持孩子的父母。

剩下 40% 的人則焦慮又矛盾，他們要麼把自己封閉起來，覺得自己建立一段親密關係很困難；要麼對戀人過分依賴，患得患失。這些感到不安全的人也認為他們的父母不負責任、不可靠，讓小小的他們體驗了世態炎涼和人情冷漠。

我們兒時與父母的關係深刻地影響了我們長大後和朋友、愛人的關係。原來媽媽才是我們接觸愛情的第一堂課。

## 成人依戀的兩個維度和四種類型

研究發現，成年人共有兩個依戀維度和四種依戀類型，如圖 8-2 所示。

圖 8-2

如圖所示：橫座標是逃避維度，縱座標是焦慮維度。

· 類型 1：安全型依戀 = 低逃避 + 低焦慮。我渴望親密，並且勇敢追尋，我不害怕失敗。

成人安全型與兒童的安全型完全相同，具體表現為：

　A. 在感情上容易接近他人。

　B. 不管是依賴他人還是被他人依賴都感覺安心。

　C. 既不害怕獨處，也不擔心被人接納。

案例：我和先生遠距離 5 年，最後才走到一起，中間發生了很多事，如果沒有彼此深刻地相互信任和理解溝通，簡直不可想像。

· 類型 2：痴迷型依戀 = 低逃避 + 高焦慮。我渴望親密，但是我總是忍不住會擔心，我容易嫉妒，對感情十分依賴和貪婪。

成人痴迷型與寶寶的焦慮−矛盾型對應，具體表現為：

A. 在親密關係中容易投入一切感情。

B. 對愛人過分依賴。

C. 過分尋求認同，害怕關係破裂。

案例：今天又和他吵架了，我打電話他不接，我就一直打，一直打到他的手機沒電。他回來質問我，說我不相信他，把他逼得發瘋。請問我要怎樣相信他？

・類型 3：混亂型依戀＝高逃避＋高焦慮。我渴望幸福，但是我不願主動，如果你追我追得太緊，我也想逃，如果你不追我，我又很生氣。

成人恐懼型是兒童迴避型的一種，具體表現為：

A. 我渴望親密關係。

B. 我很難信任他人。

C. 和他人變得太親密會受到傷害。

案例：我的男友是很「難搞」的人，我對他一見鍾情，因為他彆扭的樣子很像我以前讀的愛情小說中的霸道總裁 —— 愛你就欺負你。可是霸道總裁到了現實世界是一場噩夢，當我給他溫暖的時候，他嫌煩；當我累了，想要停止付出的時候，他不爽，還出言諷刺我，他到底要怎樣？我懷疑我是不是有受虐傾向啊！

・類型 4：疏離型依戀＝高逃避＋低焦慮。愛情得不償失，只要我不去愛別人，自然也不會受傷。

成人疏離型是兒童迴避型的一種，具體表現為：

A. 親密關係得不償失。

B. 我不會依賴別人。

C. 別人也別想依賴我。

案例：戀愛這種事勞民傷財，勞心費力，我還是凡事依靠自己好了。

來總結今天所學：兩種依戀，兩個數字。

　　兩種依戀是寶寶依戀和成人依戀，寶寶的依戀類型能深刻影響成人的依戀類型，所以說我們的媽媽決定了我們的愛情學分。

　　兩個數字，安全型依戀占 60%，不安全型依戀占 40%。很可惜，這是美國的數據。在其他國家，安全型依戀雖然比其他三種依戀更普遍，但並沒有其他三種類型依戀的總人數多，也就是說，在世界的絕大部分地區，不安全依戀比安全依戀的人更多。

　　想到一句歌詞：直到現在才懂，為何世間情歌快樂的不多。

## 8.2　只要一顆糖，別說愛情苦

心理學關鍵字：母愛三元素、安全型依戀的建立

如何當一個好媽媽？

如何培養出安全型依戀的寶寶？

如何給寶寶一顆糖，讓他從童年時代一直香甜到老？

## 母愛三元素

　　首先出場的是心理學家哈洛，他是心理學大師，也是恆河猴專業「玩家」，他養了好多隻恆河猴，做了好多心理學實驗。

　　為什麼用恆河猴做實驗呢？因為恆河猴 94% 的基因和人類相同，牠對外界刺激所做出的反應和人類非常相似，這項事實對恆河猴來說不知是幸運還是不幸。

　　哈洛的恆河猴實驗很厲害也很殘忍，所以哈洛一直處在廣獲讚譽和飽受爭議的邊緣。我們一起來看看，冰冷的恆河猴實驗帶給我們的溫暖人生啟示。

## 第 8 章　愛情學分課

代母實驗：鐵絲媽媽和絨布媽媽

導演：哈洛

主演：恆河猴

助演：鐵絲媽媽、絨布媽媽、裝滿奶的奶瓶

場景：剛出生的小猴子，睜開眼找不到媽媽，這時有兩個選擇，鐵絲做的冷冰冰的「鐵絲媽媽」和絨布做的溫暖的「絨布媽媽」，牠會選擇哪一個？

當然選「絨布媽媽」呀，多溫暖啊！

好，那麼如果「鐵絲媽媽」有奶瓶，裡面裝了香噴噴的牛奶，「絨布媽媽」什麼也沒有，牠會選哪一個呢？

我想牠可能會選有奶瓶的，畢竟，「有奶就是娘」嘛。

實驗結果如何呢？出人意料，所有參與實驗的嬰猴都選擇了沒有奶瓶的「絨布媽媽」。幾乎在所有時間裡，小猴子都會緊緊抱在「絨布媽媽」身上，只有感到饑餓難耐時，才會跑到「鐵絲媽媽」那裡吃奶，但只要一吃飽，牠就會迅速回到「絨布媽媽」懷裡。有的小猴子甚至饑腸轆轆也不願爬過去，牠們把身子掛在「絨布媽媽」身上，只把頭探到「鐵絲媽媽」那邊吃奶。如圖 8-3 所示。

圖 8-3

實驗結論 1：愛源於接觸而非食物。

接觸所帶來的安慰和溫暖，是母愛最重要的元素。

母愛的本質，絕對不是簡單地滿足孩子的饑餓和乾渴的需求，它的核心是接觸性關懷：擁抱、撫摸、親暱。

哈洛說過：「只有奶水，人類絕對活不久。」

所以，那些一出生就斷奶，讓孩子喝奶瓶，自己不願意去擁抱寶寶和撫摸寶寶的媽媽，妳們斷的不是奶水，而是妳們和孩子情感的連結和紐帶，妳們親手收回了那顆糖。

結論 1 進一步擴展：我以為妻子要的是更加富裕的生活，所以，我在外面努力賺錢，卻忘了去擁抱她、親吻她、陪伴她。所以，我賺了很多錢，她還是離開了我。

哈洛進一步研究發現：不會動的「絨布媽媽」雖然能讓小猴子依戀，但是養育不出健康的小猴子，如果「絨布媽媽」能輕輕晃動，甚至能和小猴子喃喃細語，這樣養育出來的小猴子和真猴媽媽養的小猴子就不會有太明顯的區別。如圖 8-4 所示。

圖 8-4

1958 年，美國心理學會年會上，哈洛做了一個著名的演講「母愛的本質」，提出實驗結論 2：觸摸、運動和玩耍，是母愛三個重要的因素。

為什麼嬰兒喜歡父母輕輕搖晃，唱著歌謠，哄他睡覺？

為什麼嬰兒喜歡有人逗他玩耍，陪他瘋、陪他鬧？

母愛很簡單，觸摸、運動、玩耍，三者合一就行。

## 好媽媽的兩個祕密

也許妳會告訴我，我不僅想做個合格的媽媽，我還想做個好媽媽，我該怎麼做？

約翰·鮑比進一步研究發現，依戀理論的核心關鍵在於「被依戀的那個人是不是在自己身邊，容易找到的，對自己充滿注意力的」。

妳必須常常陪在孩子身邊，他必須能很容易找到妳。對孩子來講，媽媽在身邊和媽媽不在身邊，感覺完全不一樣。

妳在陪他的時候，必須給他足夠的注意力和回應。這就是現在普遍被提及的「高品質陪伴」，你全心全意陪伴孩子 1 個小時，勝過你待在他身邊玩手機 10 個小時。

這兩點叫做母愛的「可親性」和「回應性」。此結論進一步擴展，我們在挑選長期關係的伴侶時，會認為那些總在我們身邊、及時給予我們回應、給我們很多注意力、對我們的需求敏感的人更愛我們且更有吸引力。

孩子渴求父母，我們渴求愛人，渴求的內容是一樣的。

哈洛繼續實驗，實驗發現：恆河猴寶寶在出生後，一旦跟母親分離超過 90 天，這種傷害就無法彌補，即使此後再跟母親或其他夥伴相處，也很難建立親密的關係。

對應地，哈洛提出，人類的寶寶在出生後的 6 個月裡，是建立良好母愛的關鍵時期。這個時候如果媽媽狠心離開寶寶，那麼，媽媽與寶寶之間那扇

門就會關閉，這種關鍵期母愛的缺失會對孩子造成巨大的傷害，所以，人類的產假至少要有 6 個月。

所以，那些一生下寶寶便認為寶寶不懂事，沒有記憶，不用親自撫養照料而離開孩子的母親，妳們再一次收回了那顆珍貴的糖。

## 如果我們小時候沒有糖，依戀的類型能改變嗎

我們在需要愛的時候，父母對我們是溫暖地接納還是冰冷地拒絕，嚴重影響了我們的依戀類型。

更有甚者，懷孕時的快樂準媽媽與焦慮矛盾、心事重重的準媽媽相比，前者的孩子更有可能具備安全型依戀。安全型的媽媽因為情緒平穩，更有可能成為周到體貼、充滿愛心的照料者，所以安全型的媽媽更有可能有安全型的孩子，不安全型的媽媽往往也有不安全型的孩子。

此時你可能會問我：怎麼辦，我的媽媽是不安全型，我根本沒有得到那顆珍貴的糖，現在的我該怎麼辦呢？我的依戀類型有可能改變嗎？我可以養出安全型的寶寶嗎？

答案是肯定的。是的，你可以。

為什麼愛被認為是人類最好的禮物，因為一段好的親密關係會改變我們的安全感。

一次悲痛欲絕、刻骨銘心的背叛會讓原本安全型的人變得不再感到安全。

一次如膠似漆、脫胎換骨的愛情也足以讓迴避親密的你敞開心扉，重拾對他人的信賴。

不過矛盾的是，儘管安全感可以被重新改寫，這個過程卻並不容易。也許，最有可能幫你重拾安全感的途徑是，找一個安全依戀類型的伴侶。但是，一個不安全型的人會覺得安全型的人沉悶、無趣、沒有吸引力，而那些滿嘴甜言蜜語、若即若離的「渣男／渣女」則充滿魅力。

　　有時在親密關係中，我們明明知道正確的路徑，卻義無反顧地選擇了「困難」模式，是因為兒時的經歷，還是因為對熟悉感的執著，或者我們潛意識選擇用這種方式來表達對父母的忠誠：爸爸媽媽不幸福，我們也不可以幸福哦！

　　總而言之，我們最初的依戀模式會在整個一生中都對我們的親密關係產生影響。而且依戀模式一旦確定，就會穩定又持久，如果人生沒有大起大落、高潮迭起的新經歷，人們的依戀類型可以持續幾十年。

　　所以，如果你小時候就擁有了那顆珍貴的糖，恭喜你，你的親密關係更有可能是「容易」模式，感恩偉大的媽媽吧！

　　如果你沒那麼幸運，沒能擁有那顆糖，你會選擇用「困難」模式勇敢地迎接愛情的洗禮嗎？期待你的答案。

## 8.3　一個人要像一支隊伍

心理學關鍵字：孤獨、情感隔離

### 情感隔離更孤獨

　　小 A：最孤獨的是進入大學後的第一個寒假，當時我爸已經去世，我媽剛改嫁，我姐已經嫁人，春節臨近，其他同學都已經開始聊著回家後要做的事情，我卻不知道家在哪裡，感覺自己已經沒有了家，像被世界拋棄了一樣。

　　小 B：結婚後我感覺更孤獨了，尤其是和老公出了問題的時候，以前有心裡話可以告訴爸爸媽媽，現在結了婚，不想讓父母擔心，不能向他們傾訴。以前有很多好朋友，結婚後有了自己的生活，大家都疏遠了，也沒人可以傾訴。沒在深夜痛哭過的人不足以談人生，我真的是結婚後才感受到刻骨的孤獨。

　　心理學家把「社交隔離」稱作第一種孤獨，把「情感隔離」稱作第二種孤獨，情感孤獨是指我們因缺乏深厚的人際關係引起的孤獨。

相對於社交隔離，情感隔離更難克服，這種孤獨曠日持久，且影響深遠。我們極有可能身邊圍繞著親人、愛人、朋友，卻依然感到孤獨。

# 男人比女人更害怕孤獨

總而言之，男人比女人更孤獨。或者更加準確的描述是，大男人主義的「直男」在情感中會更加孤獨。

經典問題：某晚你回到家，愛人或者戀人提出要離你而去，你會向誰尋求幫助？

幾乎每個女性都能輕易說出幾個好閨密的名字，但只有少數幾個男性能做到這一點。

原來，男人在婚姻裡面其實更脆弱、更孤獨。

有個心理學概念叫做「自我表露」（self-disclosure）。自我表露即個體對他人表達情感、想法與觀點。也就是說，告訴另外一個人關於自己的訊息，真誠地與他人分享自己個人想法和感受的過程。

還記得男女友誼的差別嗎？「女人的友誼面對面，男人的友誼肩並肩」，女性的自我表露遠多於男性。女性開放自我表露的對象有很多。

女性經常對男性開放自我表露：老公，我最近上班好不開心。

女性經常對女性開放自我表露:好閨密，妳覺得我該不該接受他的告白？

男性可以對女性（通常是妻子）開放自我表露：最近經常失眠，可能壓力有點大。

可貴的是，因為女性對非語言表達的敏感性，在丈夫還沒有開放自我表露時，妻子已經從丈夫緊鎖的眉頭、經常的沉思中察覺到了丈夫的壓力，女性還能反客為主：你最近有什麼不開心嗎？能告訴我嗎？我很想知道。

「解語花」有多麼珍貴，此處了解一下。

而男性可以對男人開放自我表露嗎？

「兄弟，我女朋友最近不太理我，我好煩惱……」這恐怕會在男人與男人之間的對話氣氛造成尷尬。

綜上所述，在感情的溫暖和親密方面，男性依賴女性要多於女性依賴男性。男人都是一匹孤獨的狼。孤狼需要找到同伴，才會生存得更好，男人生命裡需要一個女人證明他不孤單。男性對婚姻的依賴其實遠高於女性。

有句話說：「男人離婚後死得早，女人離婚後活得長。」

我們試想一下，如果男性連對妻子開放自我表露的管道都關上，會有什麼後果。

第一，巨大的壓力。

第二，找別人開放自我表露。如果家裡沒有人聽我說話，我就去外面尋找安慰。

與自我表露相關的是一個重要人格特質，叫做表達力。表達力使人變得熱情、親切、敏感。女人往往擁有高度的表達力，她們會更少感覺到孤獨。

但是有一部分男性（約有三分之一），他們演化得更加完全，他們的表達力和女性一樣高，這讓他們不那麼需要依賴女性來抵禦孤獨。

## 孤獨促使我們去尋找更有意義的連結

孤獨是一種負面的情緒體驗，但是心理學家認為孤獨也是一種有效的「社交痛處」。孤獨是你的心發出的信號，提醒你需要尋找好的、更有意義的連結。

有個沉重的話題，我們很多人都會面對終極恐懼 ——「孤獨終老」。

如果年輕的時候，單身還有理想色彩，象徵著更加自由的一種生活狀態，但是到了老年以後呢？

一方面，孤獨對老年人的整體幸福感損害非常明顯。有個朋友說：「越

是老就越害怕孤獨，就越要生活在大城市，住在最熱鬧的小區，看最熱鬧的人。每天搬個小板凳坐在菜市場看熙熙攘攘的人群就覺得好快樂。」

另一方面，「孤獨死」已經成為社會現象。「空蕩蕩的房間裡，空巢老人獨自死去，幾天甚至是幾個月才會被人發現。」這樣的現象在日本被稱為「孤獨死」。據悉，每年有近 3 萬日本老人悄無聲息死在家中，不可迴避地，「孤獨死」成為一種逐年增加的社會現實。

我在講脫單那一章的時候，很多人留言提問：「一個人不好嗎？玩電腦遊戲不好玩嗎？戀愛好麻煩，多耗費金錢和精力啊！友誼是很好，可是要小心翼翼地維護也很累呀。」

對啊，美好的事物都需要花大量的時間、精力、金錢小心呵護。但是，不管你選擇什麼，既要接受它帶給你的美好，也應承受它帶給你的苦惱。

你享受戀愛、結婚，兩個人的快樂，必然也該承擔它所帶來的麻煩與痛苦；你享受一個人的自由自在、無拘無束，也該承受自由自在後的老無所依。

「年少的時候，我覺得孤單是很酷的一件事。長大以後，我覺得孤單是很淒涼的一件事。」

歲月這麼漫長，你難道不渴望有個知己伴侶在身邊知冷知熱、噓寒問暖、為你加一件衣服？

與這樣的知己伴侶比起來，包容退讓、奉獻付出，又能算得上什麼呢？

用作家劉瑜的話來收尾吧，人生若有知己相伴固然妙不可言，但那可遇而不可求，真的，也許既不可遇又不可求，可求的只有你自己，你要俯下身去，朝著幽暗深處的自己伸出手去。

如果沒有知己相伴，那就自己為自己添衣，自己把自己照顧好。一個人的時候，要活得一個人像一支隊伍。然後，去尋找另一支隊伍。

期待你們兩支友軍，早日會合。

## 8.4　愛情是宿命還是成長

心理學關鍵字：交換關係和共有關係宿命論和成長論

## 交換關係和共有關係

在「愛情經濟學」一章裡，我們把愛情描述為一種交換關係，愛情就是我想要的，你剛好有而已。

其實，愛情的可貴之處在於，它遠遠不只是一種交換關係，交換關係層次很淺，你給我一分，我報你一分。

生活中如果一個朋友跟你算得太清楚、太分明，你的每分付出，他都立刻、即時、分毫不差地回報。此刻，你可能會對你們的關係感到索然無味，非常疏遠。所以，愛情應該是一種更珍貴、更高等、更加難以取代的關係。

親密關係常常表現為一種「共有關係」（communal relationship）。在共有關係中，伴侶特別關注對方的幸福，彼此不期望任何回報地支持和關照對方。

所以，當你們處於共有關係中，你們不會嚴格去計算自己的得失和代價，也不會熱切盼望自己的付出能立刻得到回報。

如果能幫到你，我會比幫到自己還開心。

我願意為你的幸福而努力。

把我的麵包分你一半，就算是餓肚子，內心也特別香甜。

研究發現，處於共有關係中，人享受的是更高品質的親密關係。

的確是這樣，人們更喜歡、更願意追求並擁有這樣的親密關係，計較不那麼多，算得不那麼清楚，吃虧又怎麼樣，我享受了這種感覺，這才是愛情啊。

　　有人提出意見，其實共有關係也是一種交換關係啊，只是交換得更隱祕而已。在交換關係中，我為你做了很多事，希望你也能為我做很多事，否則我的心裡會失衡，我希望我得到的利益配得上我的付出。在共有關係中，我為你做了很多事，希望你能回我以微微一笑，哇，這種「交換」也太浪漫了！

　　伴侶之間如果是交換關係，當他們結婚後，他們會更不滿意。因為總有「分贓不均」的時候。如果伴侶是共有關係，當他們結婚後，他們會更滿意。

　　注意，在親密關係中，這兩種關係是可能互相轉化的。當我們相親相愛的時候，我們能夠享受到「盈餘經濟」，我們雙方都很舒服，沒有必要去計算獎賞和代價。你不會去想最近他為我做了什麼？你甚至在想要是我能為他多做一點就更好了。

　　但是，當我們的關係變得糟糕的時候，即使是曾經共有關係的伴侶可能也會開始斤斤計較：為什麼洗碗的總是我？為什麼替小孩輔導作業的總是我？憑什麼！

## 愛情觀：宿命論 PK 成長論

　　A 觀點：愛情是一場宿命，我不是拿了一手壞牌，就是拿了一手好牌，不是全然地好，就是全然地糟糕。得之我幸，失之我命。

　　B 觀點：愛情需要培養，愛情需要磨合，親密關係需要不斷努力，共同成長。

　　你更贊同哪一個觀點？

　　如果你是宿命論的粉絲，你的愛情圖示是這樣的：美好的姻緣天注定，我們的愛情是完美的，真愛可以克服一切障礙。

　　這聽上去不錯，很像浪漫小說中的情節，但是擁有這些愛情信念會讓你在親密關係中受挫，讓你對親密關係永不滿足。

　　你可能會出現這樣的想法：美好的姻緣天注定，所以無須努力，夫妻不是氣味相投、開心到老，就是格格不入、爭吵一生；我們的愛情是完美的，爭吵會破壞我們的愛情，「他居然和我吵架，他肯定不夠愛我，真正相愛的人不會吵架。」真愛可以克服一切障礙，所以伴侶一定得有「讀心術」，「他應該知道我的一切想法，如果他不知道說明他不夠愛我。」

　　這些關於關係的信念心理學家稱為「宿命信念」，宿命信念的問題在哪裡？

　　宿命信念認為愛情是僵化的，是不可改變的，當愛情出現問題時，他們不會設法去解決問題，而只會逃避問題。你得到了一個 80 分的愛情，時間流逝，激情消退，你覺得愛情變成 60 分，你就會充滿失望地說，你變了，你不再是我以前愛的那個人。我錯了，我當初看錯了你。

　　與此對應的另一種愛情觀叫做「成長信念」。它假定幸福的親密關係是辛勤維護的結果：只要努力付出，幾乎任何親密關係都能取得成功。

　　在面對愛情的時候，不同的關係信念會引起不同的結果。

　　當激情消退的時候，持成長信念的人會更忠於自己的親密關係，對親密關係的前途更樂觀。成長型的人會對伴侶更加寬容平和，他們更能接受伴侶和自己約會的時候偷瞄斜前方身材火辣的女郎。

　　如果問擁有成長信念的人心中完美的愛情是什麼樣的，他的回答是可以有不完美。

　　但是成長信念全都是優點嗎？

　　心理學家認為，擁有成長信念的人雖然有更大的機率能夠獲得長久、穩定的關係，但是他們一味地相信問題可以解決，伴侶可以成長，這也可能讓他們陷入一段「有毒」的關係中無法脫身。

例如，太相信親密關係中「努力」的作用，太迷信人定勝天，太堅信一個對自己很差、劣跡斑斑的伴侶會改變，或是對一段糟糕透頂的關係盲目樂觀。

朋友小 B 就是典型的盲目樂觀的成長型人格，他曾經大言不慚地告訴我們，女孩個性好不重要，價值觀一致不重要，漂亮最重要。只要一個女孩結婚了，個性就會變好。這真是謎一樣的自信啊。

然後他找了一個與他價值觀徹頭徹尾不合的漂亮女性結婚，然後……你覺得呢？

## 我們的愛情觀

調查發現，美國人離婚最重要的原因是他們普遍抱怨愛情的魔力消失了，其實是他們把愛情和激情混為一談，實際上只有激情的魔力消失了。在宿命論者眼裡，愛情就是盛放至極的花，開到最美最豔的時候只能衰敗凋零。

成長論者對愛情更樂觀，覺得浪漫之愛在漫長的婚姻中演化成相伴之愛也是極好的。他們認為，當人們開始相愛到人們結婚後 10 年，愛情的成分一定不一樣，隨著我們相處的時間越來越長，激情消退，但是親密和承諾都會變強。成長論者把愛情看成是一棵小芽，經過雙方的共同努力、精心呵護，小芽會慢慢長大，最後長成參天大樹。

我們到底應該擁有什麼樣的愛情觀呢？也許「三分天注定，七分靠打拚」這句歌詞給了我們絕佳的建議，曉文愛情觀＝三分宿命＋七分成長。

像浪漫之愛那樣去尋找適合你的愛人，像相伴之愛那樣去經營愛情。當激情褪去，愛情並沒有消失，只是換了另外一種方式長久地陪伴在你身邊，浪漫之愛和相伴之愛沒有高下之分，一種充滿激情，讓人興奮快樂；一種充滿溫馨，讓人安心愜意。

兩者，都是愛情啊。

## 8.5　拓展：成人依戀的測量

### 修訂版成人依戀量表

　　請閱讀下列語句並衡量你對情感關係的感受程度。請評量你的所有關係（過去的和現在的），並回答你在這些關係中的感受。如果你從來沒有捲入情感關係中，請按你認為的「你的感受是怎樣的」來回答。

　　請在量表的每題之後的空白處寫下與你的感受一致的數字 1～5。

1 ── 完全不符合

2 ── 有點不符合

3 ── 不能確定

4 ── 有點符合

5 ── 完全符合

(1) 我發現與人親近偏向容易。＿＿＿＿＿

(2) 我發現要我去依賴別人很困難。＿＿＿＿＿

(3) 我時常擔心伴侶並不真心愛我。＿＿＿＿＿

(4) 我發現別人並不願像我希望的那樣親近我。＿＿＿＿＿

(5) 能依賴別人讓我感到很舒服。＿＿＿＿＿

(6) 我不在乎別人太親近我。＿＿＿＿＿

(7) 我發現當我需要別人幫助時沒人會幫我。＿＿＿＿＿

(8) 和別人親近使我感到有些不舒服。＿＿＿＿＿

(9) 我時常擔心伴侶不想和我在一起。＿＿＿＿＿

(10) 當我對別人表達我的情感時，我害怕他們與我的感覺會不一樣。

（11）我時常懷疑伴侶是否真正關心我。_____

（12）我對別人建立親密的關係感到很舒服。_____

（13）當有人在情感上太親近我時，我感到不舒服。_____

（14）我知道當我需要別人幫助時，總有人會幫我。_____

（15）我想與人親近，但擔心自己會受到傷害。_____

（16）我發現我很難完全信賴別人。_____

（17）伴侶想要我在情感上更親近一些，這常使我感到不舒服。

（18）我無法肯定在我需要時，總找得到可以依賴的人。_____

## 量表評分標準

本量表包括 3 個分量表，分別是親近、依賴和焦慮分量表，每個分量表由 6 個題目組成，共 18 個題目。

本量表採用五級評分法，填幾分就得幾分。

其中，2、7、8、13、16、17、18 題為反向計分題目，在評分時需進行反向計分轉換。

先計算 3 個分量表的平均分數，再將親近和依賴合併，產生 1 個親近依賴復合維度。

親近分量表 1，6，8，12，13，17

依賴分量表 2，5，7，14，16，18

焦慮分量表 3，4，9，10，11，15

親近依賴復合維度計算方法：親近依賴平均分 =（親近分量表總分 + 依賴分量表總分）÷12

## 依戀類型的劃分

安全型：親近依賴平均分 >3，且焦慮平均分 <3

痴迷型：親近依賴平均分 >3，且焦慮平均分 >3

疏離型：親近依賴平均分 <3，且焦慮平均分 <3

恐懼型：親近依賴平均分 <3，且焦慮平均分 >3

心理學家認為，成人有四種依戀類型，分別是安全型、痴迷型、恐懼型和疏離型，透過這個測量，你可以測出你的依戀類型是哪種類型，分布在哪個象限。

你是在害怕、迴避親密還是在憂慮和擔心被拋棄呢，這和你對自己的判斷一致嗎？

# 第9章　失戀症候群

## 第 9 章　失戀症候群

## 9.1　失戀是一種病

心理學關鍵字：心碎症候群、自我同一性、分手策略

張震嶽告訴我們，思念是一種病。

我來告訴你們，失戀也是一種病。

### 「心碎症候群」

- 病名：心碎症候群，又稱暫時性左心室心尖氣球症候群。
- 患者主訴：失戀了，我百般挽回，她還是頭也不回地走了，那一刻，我感覺心都碎了。回家後，我大病了一場，高燒不退，在家足足躺了一週才爬起來，拉開窗簾看見刺眼陽光的那一刻，我知道我勉強活了過來。
- 臨床表現：患者通常會出現胸痛、憋氣、呼吸短促等類似心臟病的症狀。
- 病因病理：當人經歷重大打擊時，比如失去親人或者失戀，就會產生極度哀傷或疼痛的感覺。患者心臟通常沒有明顯的可觀測的病變，但是痛起來的感覺就像心真的碎了一樣。注意，如果「心碎」症狀持續不能緩解，應盡早到醫院就診，血管持續痙攣可能造成心臟驟停而猝死。
- 治療方案：建議病症初發階段臥床休養，可以考慮哭泣治療、傾訴治療、陪伴治療。
- 藥方：時間、睡眠、工作以及另一個讓你心動的人類。
- 請注意：通常「另一個讓你心動的人類」不建議立即使用，研究發現，如果失戀後為了逃避痛苦立即投入下一段感情，往往下一段感情也很難有好的結果。

# 為什麼失戀這麼痛

「我愛你，不是因為你的樣子，而是因為和你在一起時，我的樣子。」

我們前面講過「自我延伸模型」，愛情會讓我們發現以前沒有發現過的自己，愛情讓我們自我延伸，成長為我們更喜歡的模樣。

我因為你變成了更好的自己，現在你卻告訴我你要離開這麼好的我。

失戀會嚴重破壞一個人的「自我同一性」。自我同一性是心理學中的一個重要概念，由著名心理學家艾瑞克森提出。

自我同一性是指一個人的需求、情感、能力、目標、價值觀等特質整合為統一的人格。

自我同一性有兩個要點，「同」和「一」。「同」是指「自我認同」。我是誰？我來自何方，去向何處？我要保持自我還是向社會妥協？艾瑞克森認為，自我同一性的建立是青年的重要人生任務，自我認同的形成，是我們做出很多人生重要選擇的基礎。

「一」是指人格的穩定和一致。我對自己的看法是穩定的，我不會因為今天有人對我突然讚美就飄飄然，也不會因為有人貶低了我，就立刻全然否定自己。

當你建立自我同一性，你會目標清晰、積極充實、幹勁十足。

當你缺乏自我同一性，你會目標喪失、空虛、寂寞、無聊。

心理學家馬西亞發現，僅有 20% 的人在 18 歲時就形成了自我認同，他們是人群中的佼佼者。絕大部分人要到 24 歲以後才慢慢形成一種比較穩定的自我認知，並找到未來的方向。

18 ～ 25 歲這個年齡段最可能發生什麼？

升學、考研究所、第一份工作、友情、戀愛、失戀……這些關鍵的事和人會塑造我們的人格，也會損傷我們的人格。

我們就是在不斷的選擇和嘗試中,逐漸找到自己,釐清自己和他人、自己和世界的關係。我們戀愛了,我們覺得自己會愛人和被愛,這是自我認可的開始。我們失戀了,我們覺得原來自己沒有那麼可愛,原來自己可能並不具備愛人的能力。

失戀是對自我同一性的動搖和挑戰,它把你努力搭建的自我堡壘從內部攻破,讓你陷入長時間的失落、空虛和痛苦中。

## 你是被「分手」了嗎

心理學家發現,在大部分的時候(約 67%),雙方中只有一方想要結束親密關係。

很多親密關係的苦惱都來源於兩個人感情的不同步。

我想開始發展關係的時候,你只把我當普通朋友;你已經轉身離開,我還留在原地。

如果我是被拋下的那一個,我會反覆地問自己,是我不夠好嗎?做什麼才能挽回我們之間的感情?我們明明很相愛,怎麼會變成現在這樣呢?

如果你是那個先轉身的人,當你要結束關係的時候,你會怎樣表達?是直截了當、有話直說,還是拖泥帶水,不願意先成為叛徒?你會在分手中更加注重保護對方的感情,還是自私地先考慮自己?

我們來看看分手中的直接策略(公開策略)、間接策略(關係降級策略、不告而別策略)以及「高尚策略」(積極口吻策略)和「自私策略」(操縱策略)。

- 公開策略(openness strategy)

「我們分手吧。」

「我覺得我們不適合在一起。」

「我覺得我們分開可能對彼此是件好事。」

這是典型的直接策略，單刀直入，長痛不如短痛，看起來特別冷酷無情，卻是一種不壞的策略。但是其實很少人會採用這種策略，因為說分手對絕大部分人來說都是難題，人們往往不忍心開口，或者不願意表達得如此強勢。很多人分手電話打了幾個小時還是無法掛斷，也有人分手後三個月還是藕斷絲連。通常處於親密關係上層階段的伴侶往往會選擇這種策略，他們彼此深入了解，對伴侶有更多的自我表露，他們說分手的時候已經經過深思熟慮，基本上很難動搖他們的決定。

• **關係降級策略（de-escalation）**

和消費降級一樣，以前你每個月都要花 2 萬塊錢在各大百貨公司買買買，十分豪爽，但是現在經濟寒冬，你什麼都不買會不舒服，這個時候商家就會用一些消費降級策略來吸引你，消費降級，美好加倍哦。

在分手這個敏感時刻，相對於單刀直入的直截了當，更多的提出分手的人會選擇一些更加緩和的方式說分手，例如：「我們先冷靜一下。」「不然我們先退回普通朋友的關係吧。」「我們先分開一段時間可能對大家都好一點。」

他是真的只是希望關係先冷卻一下嗎？還是希望關係冷了以後他能夠不用說分手，不用承受道德壓力就能結束這段關係？

這種分手策略表面和緩，雖然是「好心分手」但是給了多餘的希望，有時候對於被分手的人而言更痛。

• **積極口吻策略（positive tone/self blame strategy）**

「你一定很難過吧？」

「你太好了，是我配不上你。」

「是我的錯，你隨便打我罵我都可以。」

使用積極口吻策略的分手者，會在分手過程中表現得非常照顧對方情緒。他們把自己擺在非常低的位置，避免雙方的衝突和傷害。

「我都哭得這麼傷心了，你總不會再責備我吧；我都跪下了，你總不好意思再打我吧。」

那麼，被發「好人卡」的你，此時感覺又如何呢？

· **不告而別策略（ghosting, or avoidance/withdrawal strategy）**

這是典型的間接策略，也是一種真正的「被分手」。

一個月沒和男朋友聯繫，傳訊息給對方時發現自己被封鎖了。電話打不通，去他家發現人去樓空。然後他從此消失在茫茫人海，就像人間蒸發一樣。你不禁自我懷疑，之前和自己戀愛的人是否真實存在。

這種分手方式毫無責任感，會讓被分手者長期處於自我懷疑中，不僅懷疑自己，而且還懷疑人生。

我想問一問主動分手的人，你都有勇氣談戀愛了，卻沒有勇氣說分手嗎？

· **操縱策略（manipulation strategy）**

這是最自私最「渣」的分手策略。

來訪者小 A，她的老公稱作 B。

B 在外長期有婚外情，瞞著小 A，B 想離婚，但是不想背「渣男」的鍋。他的計策有兩個。

其一，對外長期宣傳婚姻不幸。對外宣稱小 A 不賢慧、不孝順，充分做好輿論引導的工作。

其二，對內採用冷暴力，貶低和打壓小 A，讓小 A 相信他們兩個的婚姻不幸都是小 A 的錯，最終迫使小 A 主動提出離婚。

明明是 B 的錯，B 透過操縱變成 A 的錯，分手時刻見人品，祝願 B 和他的新婚妻子百年好合！

戀愛有多美，失戀就有多傷。但是愛情帶來的無論是美麗還是傷痛，最終會讓我們從沙礫變成一顆閃閃發光的珍珠。

## 9.2　得不到已失去，總是最登對

心理學關鍵字：未完成情結、羅密歐與茱麗葉效應

問題：為何我們對前任總會念念不忘？

# 為什麼我們忘不了前任

## ・　大腦推波助瀾

心理學家經常當「壞人」，他們經常做一些「變態」的實驗，例如，他找了一群分手了但還愛著對方的可憐人，讓他們觀看前任的照片，並利用核磁共振掃描記錄他們大腦中的反應。

實驗發現：當人們回想前任時，大腦中的獎賞部分被活化，釋放多巴胺，感覺到快樂和興奮。當人們想起自己被迫分手的過程，大腦疼痛部分被活化並感覺到痛苦。

怪不得很多人在分手後還常常在社交媒體上偷看前任的動態和照片，一邊懷念一邊自虐，又痛又快樂，徘徊在愛與痛的邊緣。

這種感覺很容易上癮，常常會促使我們不顧一切做出一些傻事，如「在大雨中痴心等待歸家的前任情人，最後人沒等到，倒是等到肺炎住院三個月」；「大醉的夜晚去敲前任情人的門，敲了一整夜，人沒見到，見到了 110」等。

## 第 9 章　失戀症候群

### ·　回憶自帶濾鏡

我們的記憶總是竭力為我們服務。

心理學家發現，失戀之後人會在一段時間內無法分辨自己內心所想像的前任和真實的前任之間的區別。而這些想像往往又是由你與前任最美好的回憶以及內心的願望所構成。

當我們越是忘不了一個人的時候，我們就越容易回憶以往美好的歲月，甚至不斷地在回憶上面加濾鏡，讓它更美好。

例如，你會不斷想起你們第一次約會的餐廳，溫馨浪漫，你們一見如故。事實上那家店根本不好吃，而且並不衛生，你吃完後肚子一直不舒服卻在努力忍住不放屁。

例如，你會不斷想起初吻的冬夜，好甜蜜！事實上你可能因為太緊張咬到了對方的舌頭。

這些美好的想像會在失戀之後安慰你。你想像著前任一直沒有離開你，一直在看著你，一直陪伴著你，一直在等著你。

現實是，那個人早已消失在人海。

### ·　熟悉感作祟

重複地、不斷地接觸、熟悉一個人會讓我們對他更喜歡，這個叫做「曝光效應」，也叫做「衣不如新，人不如舊」。

很多人吃了一輩子山珍海味卻還是忘不了家鄉的那碗滷肉飯。「故鄉」、「故土」、「故人」，這些詞為什麼這麼打動人心？這就是熟悉感的魔力。

為什麼分手那麼難？你和一個人待久了，那個人就是你的舒適圈和熟悉區。自從我愛過你，從此以後我愛過的每個人都像你。

## 未完成情結

「她結婚了，你知道嗎？」

「我早把她忘了。」

「我還沒說是誰。」

為何人總忘不了初戀？也許「蔡加尼克效應」能給你答案。

心理學家蔡加尼克研究發現：我們對已經完成的、有結果的事很容易忘掉，對被迫中斷的、無法完成的事卻記憶猶新，甚至刻骨銘心。

初戀多半無疾而終。初戀往往是我們付出最多情感，又因為不得已的理由，最終無法在一起的感情。這些戛然而止、被外力強行中斷的情感和經歷，會在我們心裡留下一個缺口，我們以後一旦有機會，就希望去彌補、去完成。所以「蔡加尼克效應」又叫做「未完成情結」。

張愛玲說過類似的話：娶了紅玫瑰，久而久之，紅的變成了牆上的一抹蚊子血，白的還是「床前明月光」；娶了白玫瑰，白的便是衣服上沾的一粒飯黏子，紅的卻是心口上一顆硃砂痣。

我們喜歡得不到的人，也懷念我們已經失去的人。

我們會無數次地想：如果……就好了，要是……會不會結局不一樣……

心理學也有著名的「羅密歐與茱麗葉效應」，也就是：父母越干涉他們的交往，他們越彼此相愛。越是阻撓重重，越是愛火熊熊，得不到的永遠在騷動。當我們面臨失去的威脅時，我們可能會更想得到。

## 分手後還能做朋友嗎

很多人問我，分手後還能做朋友嗎？

我的回答是：你是有多缺朋友？

很多戀人堅信雖然他們分手了，但是他們曾經都是彼此生活中不可或缺的一部分，所以他們想要繼續成為朋友。

但是實際情況如何呢？

儘管大部分人都有分手後做朋友的美好預期，但是他們會發現全世界都在阻礙他們繼續成為朋友。

首先，分手的過程也許就不那麼愉快，總是有先提出分手和態度更堅決的那個人；分手之後，可能有一方還是放不下，還是不甘心，還是一直想復合，另一方不堪其擾，只好中斷聯繫；也有分手後一方很快另結新歡，這讓另一方情何以堪：當我還在為我們的感情「守喪」，你卻開開心心跟新歡在一起了！這無疑又是一次重大打擊和背叛。

的確，極少數人分手後還能保持友誼，當然這也可能是多年以後，雙方都看淡了，相逢一笑泯恩仇。

如果分手後連朋友都沒得做，心裡空落落的怎麼辦？

失戀很痛，但不會一直很痛，這種感覺不會永遠持續。

心理學家研究發現，當戀人分手後，他們會感覺到痛苦和憤怒，但是這些負面情緒隨著時間的推移變得越來越不強烈，分手 1 個月後，他們更加疏離了過去的親密關係並且重新振作。這也就是所謂的「失戀 33 天」。

當然，失戀也是因人而異的，有的人長情，有的人健忘。你們猜看看，是男人容易從失戀的痛苦中走出來，還是女人更容易在失敗後重新振作呢？

我在這裡推薦一個超級實用的對抗失戀的方法，叫做寫日記。是的，你沒有看錯，就是這麼簡單。

用日記記錄我們逝去的故事會讓我們擁有表達和梳理感情的機會，幫我們察覺生活中哪些事情更有意義，讓我們用另一種角度看待自己。我們的日記內容越完整，細節越豐富，我們可能會更快地適應新生活。寫日記不僅能讓我們的回憶更完整，還能增強我們的幸福感和同理心。

日記真的有這麼大的作用嗎？如果你此時正處於失戀狀態，不妨放下手機，打開日記本，開始寫下自己的第一篇失戀日記吧。

# 9.3　我們都沒錯，只是不適合

心理學關鍵字：離婚理由、離婚模型

我們結婚的時候總想著白頭到老，攜手一生。但是就美國 2010 年的數據而言，夫妻中每有兩對夫妻新婚就會有一對夫妻離婚。而臺灣離婚在 2020 年高達 5 萬 1,680 對，位居亞洲之冠，離婚率迎頭趕上了美國。

也就是說，無論我們多麼希望婚姻能長久，但是婚姻成功的機率居然和丟硬幣一樣隨意，一半一半。

## 離婚的理由

- **對婚姻要求更多的公平**

  我們前所未有地希望婚姻中付出和收穫一樣多。

  一項調查顯示，隨著越來越多的女性進入職場，她們和丈夫一樣承擔著家庭的重任，她們在家務和育兒上也希望丈夫能分擔更多。事實上，許多夫妻正在公平地分擔家庭責任。女性開始走向社會，開始事業、家庭兩手抓，這要求男性必須回歸家庭，同樣兼顧事業和家庭。

  有個關於做家務的多少和婚姻滿意度之間關係的調查，結果如下。

  妻子做家務，丈夫不做家務，妻子不滿意，丈夫滿意。

  妻子做大部分家務，丈夫做一點點家務，妻子不滿意，丈夫滿意。

  妻子做一點點家務，丈夫做大部分家務，妻子滿意，丈夫不滿意。

  總有一方不滿意，怎麼辦呢？

  妻子做一半家務，丈夫做一半家務，妻子滿意，丈夫也滿意。越公平，越滿意，越幸福。

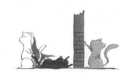

## 第 9 章　失戀症候群

### ‧ 女性賺得越多，離婚率越高

在全世界，當女性在經濟上獨立，不用依附於男性時，離婚率會更高。

這並不代表女性有錢就會離婚，而是指當女性擁有了獨立的經濟能力，她至少能選擇離開一段糟糕的婚姻。

離婚率增高並不代表婚姻越來越糟糕，以前離婚率低也並不代表沒有糟糕的婚姻。

我以前讀過一個有關中國自殺情況調查的報告，報告顯示過去幾十年，中國自殺率最高的人群是農村婦女，她們缺乏經濟收入，完全依附於丈夫生存，一旦婚姻不可忍受，她們唯一的選擇就是喝下農藥一了百了。

隨著經濟的發展，大批農村人口去城市打工，中國婦女的自殺率急速下降。為什麼？因為農村婦女的選擇變多了，當她們婚姻出現狀況，如遭受家暴等，她們可以選擇去城市，無論是改嫁還是賺錢，她們擁有了更多的人生選擇。

賺錢更多，可能會導致婚姻破碎，但是貧窮對婚姻有更大的損害。一般而言，收入低的夫妻婚姻滿意度遠遠比不上收入高的夫妻。生活中任何需要花錢的雞毛蒜皮都會成為夫妻關係惡化的導火線。

比如，為什麼是我辛辛苦苦做家務，你在旁邊做大老爺？（有錢請傭人就可以解決此矛盾。）

你知道我天還沒亮就起床賺一點錢有多麼辛苦，你還不省著點用？（因為賺錢辛苦，所以花錢是罪。）

要不是我們沒有錢請保姆，我怎麼會讓你媽過來幫忙，每天看她的臉色？（說來說去，還是錢、錢、錢。）

研究發現，收入非常低的夫妻（每年 2.5 萬美元以下）與收入較高的夫妻（每年 5 萬美元以上）相比較，前者的離婚率是後者的兩倍。

所以在婚姻中，錢多了可能沒那麼糟糕，沒錢卻萬萬不行。

- **對伴侶要求變高，離婚約束變小**

　　我們更多的人因為愛情走入婚姻，我們希望和愛人的激情永不減退，我們希望伴侶是我們最親密、最深厚、最重要的人，他們不僅是我們的愛人，也是我們最好的朋友和永遠的支持者。

　　這要求是不是高得有點過分？

　　一旦伴侶不能滿足我們的條件，我們就感到失望、沮喪、懊惱，甚至可能想到離婚。

　　隨著更多的年輕人選擇留在大城市，我們開始缺乏熟人之間的紐帶、社區之間的牽連、親戚之間的維繫，我們由熟人社會進入陌生人社會。那些在家鄉鄰里間的規範是阻礙離婚的重要因素，隨著我們背井離鄉，這種規範的影響力越來越小。

　　以前在農村社會，每個人都是廣義的「親戚朋友」，劈個腿、離個婚都會被議論紛紛，父母在外面會被人指點、抬不起頭。現在生活在大城市，關上門誰也不認識誰，結不結婚、離不離婚沒人知道，也沒人關心。

## 離婚的模型

　　為什麼有些婚姻成功得讓人羨慕，有些婚姻卻失敗得讓人沮喪呢？

　　哪些因素發揮了重要作用？我們一起來認識離婚的模型。

- **障礙模型**

　　心理學家認為影響關係破裂有以下重要因素。

- 吸引力：愛情的魔力消失了，我跟你在一起再也感受不到臉紅心跳，更多的是爭吵不休，我們在親密關係中獎賞變少，代價增大。
- 替代選擇：替代選擇是衡量一段關係是否長久的重要原因。

那麼，當我們之間吸引力降低，有了更好的替代選擇，為什麼有的人還是沒有結束親密關係呢？

親密關係中有很多保護傘，平日它們隱藏在水下不被我們覺察，一旦親密關係面臨解體，它們就會浮出水面，比如維繫婚姻的法律、社會壓力、親友輿論、雙方父母的阻礙、孩子的怨恨不解以及獨自撫養孩子的壓力和困難等，這些都是離婚的障礙。

- **脆弱 —— 應激 —— 適應模型**

心理學家提出了不穩定婚姻的普遍模型，強調了三個導致離婚的因素。

每個人進入婚姻都帶著原生家庭的傷，這是我們天生的脆弱。

有的人缺乏安全感，常對伴侶疑神疑鬼；有的人很自卑，總覺得自己不可能獲得他人的愛，所以伴侶肯定對自己有利益上的企圖；還有的人個性不好，拙於言辭，不善於表達，他們常常被伴侶誤解，容易與伴侶發生衝突；當這些脆弱被某些壓力事件觸發，如懷孕、分娩、失業、疾病、養育孩子，這個時候就產生了應激。

如果處理得好，夫妻的感情會逐漸加固穩定，這就是適應；如果處理不好，常年積壓的不滿會導致婚姻的破裂，這就是適應不良。

離婚是一個令人沮喪和痛苦的事實。研究發現，經歷父母離婚的小孩在他們長大後有更高的可能性會離婚。

一方面，離異家庭的孩子對婚姻看法通常更加消極，當他們戀愛的時候，對愛人更容易不信任，人都有自證傾向，最後事情極有可能真的變壞，婚姻就按照預想走向了破裂。

另一方面，離異家庭的父母在婚姻出現問題的時候，把離婚當作解決問題的方式，孩子可能學會了這種方式，在婚姻面臨問題時，將更傾向選擇逃避和放手。

心理學認為，悲劇總是輪番地上演，我們經常重演我們上一輩的悲劇，很難打破循環，當然，這可能也是我們對父母表達愛和忠誠的另一種方式。

## 9.4 最熟悉的陌生人

### 心理學關鍵字：四種類型的離婚後關係

離婚後我們會是怎樣的關係呢？

老死不相往來的仇人？

分外眼紅的敵人？

還是告別之後各自安好的陌生人？

## 暴躁的仇敵（25%）

從愛人到仇人有幾個步驟呢？

其實大概可以想像這對夫妻經歷了什麼，他們可能在離婚前有相當長的時間不開心，衝突、爭吵、磨合、冷戰。

這段婚姻中極有可能有長久的欺騙，也可能有無止境的謾罵、指責和不屑。他們長期處於一種危險關係中。

危險關係主要有以下三個特徵。

### · 給予與索取的不平衡

什麼叫平衡？

「一個願打，一個願挨」，這種關係平衡嗎？

很平衡。有人說過，世界上最穩定的婚姻就是一個「受虐狂」愛上了一個「施虐狂」。

瘋狂的人沒那麼多，我們普通人追求的平衡更像玩蹺蹺板。

有時候你在上面，有時候我在上面，你在事業上多一點追求，我為家庭多付出一點，那麼，賺錢你說了算，花錢我說了算，很平衡。

什麼狀態不平衡呢？

你想打，我不願意挨！玩蹺蹺板時其中一方常常在下面，另一方則長久地停在空中，遊戲玩不下去了。

給予方不斷地付出，心中埋怨對方不知道感恩圖報，獲得者不斷地得到，然後不知道珍惜。

給予方在長期的付出後精疲力竭，內心恐慌一旦自己停止付出，對方極有可能拋棄自己。他們不確定彼此的關係是基於感情，還是自己的不斷付出。

索取方也並不是總是快樂，他們背負著虧欠感和愧疚感。他們會說：「對啊，她為了我做了好多，我要好好對待她，否則就是忘恩負義。」

## ・　無處安放的衝突

如果我們學不會處理衝突，我們永遠無法對婚姻滿意。

指責金句：你為什麼總是脾氣這麼大？你到底講不講理？（對人不對事的指責）；你這個人到底有沒有一點責任感？你像個男人好不好！（站在道德制高點上的指責）；你怎麼這麼不可靠？你怎麼這麼小氣？你的孩子你到底管不管？（連珠炮式的指責。）

很耳熟對不對？

很多人能在八點檔看到這樣的劇情，但是家庭不是辯論賽場，你贏了辯論，極有可能輸了感情。家是講情的地方，不是講理的地方。

- 缺乏感情支持

當你孤單你會想起誰？

當你沮喪你想依靠誰？

當你有煩惱你會向誰傾訴？

如果你的回答都不是伴侶，你們之間的親密關係就必須打一個問號。

為什麼我們有困難的時候不找我們的伴侶求助？

因為我向你求助的時候得不到回應，還常常被你嫌棄。

嫌棄金句：算了，我還能指望你做什麼！你想怎樣就怎樣吧，我管不了你！我隨便你！

是不是聽了之後就讓人生氣？不屑的背後是對伴侶的輕視和對伴侶付出的忽視。婚姻專家高特曼認為不屑是顯示婚姻最危險的信號，也是觀測婚姻狀態的最重要指標。

還有更加恐怖的，婚姻中的冷暴力 —— 交流昏迷。

一項有 2,750 人參加的調查顯示，近八成受訪者有不同程度的「下班沉默症」。上班時口若懸河，下班後沉默是金。既然吵不贏，乾脆別吵了，結果發現，不吵比吵更恐怖。

婚姻中長期的憤怒和不滿，婚姻結束時的財產糾紛、子女分配，這一切讓我們相愛相殺。

## 憤怒的同伴（25%）

為什麼彼此憤怒不滿還要綁在一起成為同伴？

因為孩子。

孩子讓離婚變得拖泥帶水，變得棘手和充滿傷害。

父母離異的小孩真的會更加不快樂嗎？

父母離異的小孩真的會有更多心理問題嗎？

成千上萬的研究得到結論：與那些父母仍然維持著婚姻的人相比，父母離異的兒童在青少年時期和成人早期幸福程度都更低。

他們通常適應能力差、個性孤僻、意志消沉、更加不好親近，人際交往更困難。他們也可能更傾向犯罪、未成年懷孕和學業成績不良。他們更有可能難以建立親密關係，以後更有可能離婚。

父母離異的確對孩子的健康成長有影響，但是影響沒有你想像的那麼大。更新的研究發現，也許不一定是離婚導致孩子的問題，更有可能是父母離異後的經濟困難導致了兒童的各種適應問題和心理問題。如果有監護權的父母有充分的經濟資源，能更好地支持兒童，他們遇到的困難會少很多。

## 合作的同事（38％）

到底是父母離異，還是糟糕的婚姻對孩子影響更壞？

一個十分有傷大雅的比喻來了：巧克力味道的屎和屎味道的巧克力，你要吃哪一個？

研究發現，無論是否離婚，雙親衝突給了孩子更高的焦慮、更差的健康，以及更多的問題行為。

也就是說，雖然孩子熱切地希望父母能夠在一起，但是當婚姻中充滿著爭吵、衝突，甚至暴力的時候，不離婚比離婚更糟糕。所以，當你決定不離婚的時候，你做的會比「不離婚」要多。

如果你們的婚姻瀰漫著戰爭的硝煙，而你又無力阻止，並且還在猶豫為了孩子要不要離婚的話，也許離婚對孩子更好。

對孩子而言，離婚前的父母是敵對的雙方，充滿謾罵和指責，離婚後的父母是合作的同事，保持著禮貌和客氣，後者的設定會更安全、更恰到好處。

## 完美的朋友（12%）

離婚後還有可能成為完美的朋友嗎？

真的有人能做到，約有 12% 的人可以從愛人順利過渡到朋友。

我們從朋友發展成愛人，再從愛人退回到朋友，人生居然是個圓。其實已經很棒了，對吧？但是我還是「心有不甘」。

如果連離婚都沒能傷害兩個人的感情，這兩個人彼此的信任、依賴有多深啊，為什麼還是會以離婚告終呢？

我的老師是婚姻諮商方面的專家，他的一句話讓我印象深刻，他說：「來找我做婚姻諮商治療的夫妻有三分之二最後還是選擇了離婚，不是他們的婚姻無藥可救，而是他們來得太晚了。」

很多人太不把婚姻中的問題當一回事，尤其是男人，多數覺得婚姻是個私人的事情，還要拿去諮商和治療，完全沒有必要。他們對婚姻中的問題反應遲鈍或者視若無睹，甚至希望時間能解決問題。等他們意識到問題嚴重的時候，想去求助婚姻諮商，卻發現婚姻已經病入膏肓，無可救藥。

婚姻有疾和身體有疾一樣，越早發現，越好治療。

畢竟你們的情誼都已經千錘百鍊了，就差一點點，令人扼腕。

看出來了嗎？我對婚姻的完整有一種執念，這也是一種病，要治！

## 9.5　拓展：離婚的訊號

根據大量心理學研究綜述的結果，離婚的確擁有一些特定的訊號。

1. 社會經濟地位。那些職業地位低、受教育程度低、收入較低的人與社會經濟地位較高的人相對比，更容易離婚，具體來說，受過良好教育的女性更不可能離婚。
   知書達理、教養良好的女性更加宜家宜室，這是真理。

2. 性別比率。在全世界，當女性數量超過男性，性別比率降低的時候，離婚率會升高。

   這是什麼原因呢？大家可以思考思考。

3. 社會流動性。經常搬家的人比那些定居的人更容易離婚。

   的確，大城市的離婚率比小城市高得多。

4. 無過錯立法。使離婚更容易的法律改善了人們對離婚的態度，從而使離婚更容易發生。

   以前認為離婚是壞的、是羞恥的，而現在用中性的、無過錯的描述來定義離婚，這件事能讓人們更加勇於離婚，「我們都沒錯，只是不適合」。

5. 職業女性。當更多女性成為勞動力時，離婚率增加。

   女性經濟獨立後，可以對糟糕的婚姻說「不」。

6. 結婚年齡。少年結婚比 25 歲以後進入婚姻更有可能離婚。

   結婚越早，離婚越早，如果結婚是個衝動的選擇，你就得接受衝動的懲罰。

7. 婚姻次數。再婚比初次結婚更有可能以離婚告終。

   再婚更容易離婚？對！當婚姻發生問題，已經用離婚解決了一次，就不介意再使用第二次。

8. 父母離婚。父母離婚增加了子女離婚的可能性。然而隨著離婚變得普遍，這一影響力正在變小。

   離婚可以有各種原因，爸媽不能總是為你承擔責任。

9. 孩子。沒有生養的夫妻更有可能離婚，但孩子降低離婚的風險在孩子非常小的時候最明顯。孩子越小，婚姻相對越穩定，隨著孩子的長大，孩子對婚姻的約束力在減退。

   「等著孩子長大了再離婚好了」是個普遍的想法。

10. 共同點。有很多共同點的夫妻不太可能離婚。

　　我們都喜歡相似的人，共同點越多，衝突越少，關係越穩固。

11. 人格屬性。神經質越高的人越可能離婚。

　　神經質過高一般意味著更加不穩定的情緒、更加敏感脆弱的內心，更多的敵對和衝動，這些對於親密關係是更大的挑戰。

12. 生活應激事件。生活應激事件的發生增加了離婚的可能性。

　　如果生活磨難太多，會為感情增加太多的困難與壓力。

13. 共處時間。共處時間更多的夫妻更不可能離婚。

　　這源自曝光效應，「你越常出現，我越喜歡你。」

14. 婚姻態度。對婚姻持悲觀看法的人更有可能離婚。

　　人擁有自證傾向，你把事情想得越壞，壞事越可能真的發生。

15. 性滿足。較高的性生活滿意度與較低的離婚率有關。

　　性是親密關係和婚姻的重要組成部分，有個朋友曾經告訴我，最幸福的婚姻就是不僅價值觀相合，「性趣」也相合。

第 9 章　失戀症候群

# 第 10 章　愛人和敵人

第 10 章　愛人和敵人

## 10.1　相愛沒有那麼容易

心理學關鍵字：過度自信、自利性偏差、關係信念

相愛沒有那麼容易，溝通經常讓人生氣。

也許，我們並沒有像我們想像的那樣了解伴侶，也不像我們自以為是的那麼擅長「讀心」。

甚至在嘗試溝通之前，我們已經先幫自己豎起了一道道牆。

## 第一道牆 —— 過度自信

題目 1：小明墜入愛河，請小明、小明媽媽、小明的閨密個別預測小明的戀愛前景，你覺得哪個答案可能會更準確？

A. 當然是小明自己預測最準，愛情好不好，當事人最知道。

B. 小明媽媽的預測應該最準確吧，畢竟「知女莫若母」。

C. 小明的閨密應該預測得最準吧，女孩子心思細膩，而且外人的角度最不偏不倚。

你覺得正確答案是哪一個呢？

C>B>A

預測最準的是小明的閨密；其次是小明的媽媽；最後才是當事人小明。為什麼會這樣？

有句話可以給你答案：「人類都是過度自信的猴子。」

是的，你沒看錯，是過度自信。

有的人過度自信是因為「70% 悖論」。很多調查數據都顯示，不論是個人能力，還是道德水準、工作業績，70% 的人都認為自己比平均水準高。顏值水準也是如此，不信你現在隨便找個身邊的女性問問：妳覺得自己長得如何？

一般啊（哦，普通的好看）；我不太好看啊（就是有點好看而已）；比我漂亮的多得是（比如那些女偶像啊）。

括號外的是表面回答，括號內的是內心感受，大部分女性內心對自己長相的預估都是：中等偏上。哈哈，果然打敗了 70% 的路人。

所以你千萬不要謙虛，千萬不要說你經常感到沒有自信，其實大部分時間你常常自信到爆炸。

例如，我們常常容易做出錯誤判斷，還常常自以為我們對他人的看法準確無誤。

多數進入股市的人都信心十足地認為自己是收割韭菜的人，結果都成了別人的韭菜。

有人過度自信是因為他會「選擇性失憶」。

心理學家一直認為記憶會騙人，我們對過去事情的記憶往往是過去真實事件與最近感受的混合產品，這個叫做「重構性記憶」（reconstructive memory）。我們一直充當生活的編寫者，對自己的記憶內容不斷進行編碼、潤色和重新修訂。

譬如，我們當前對親密關係的感受會影響我們對往事的記憶。

如果當下很幸福，我們會選擇對那段記憶施加催眠。忘掉以往的不快吧，我一直很幸福哦；我覺得我有全世界最好的老公！（朋友，上個月妳還來我諮商室痛訴你老公出軌啊。）

如果此刻痛苦，我們接著對那段記憶施加催眠。忘了以往的快樂和滿足吧，我的確一直生活在痛苦中。

我嫁給你就是錯誤，你從來不願意為我付出！（老婆，我數十年如一日地一大早起床伺候照顧妳，妳全部都忘了？）

如此隨意的記憶處理模式，過度自信的「猴子們」啊。

有的人過度自信是因為他的「自己例外心態」。

很多推銷保險的人在推銷意外險的時候總會被罵得狗血噴頭。「什麼？你說我出門易遭飛來橫禍！什麼？你說我家老房子會著火！什麼？你說我爬個梯子會摔斷腿！狗嘴吐不出象牙，你給我出去！」

很多人唯一能堅持數十年如一日的事就是數十年如一日地買樂透然後不中獎，我們在對獎的時候總是信心十足。

我們總是傾向於認為我們會是那個少數的幸運兒，而絕不是那個可憐的倒楣鬼。我們對未來事件有著不切實際的樂觀主義精神，當然，如果沒有這種超級樂觀主義精神，人類可能還生活在樹上。

當然，還有人過度自信是因為他是當之無愧的「事後諸葛」。

我說讓你買那一支股票你不聽，輸慘了吧。（大哥，你也就猜對這一次啊，前面 18 次你都錯了啊。）

叫你不要和他結婚你不聽，現在離婚了吧。（大姐，我老公不是妳介紹的嗎，妳介紹的時候說我們天生一對、珠聯璧合、命中注定啊。）

當新的關係剛建立的時候，我們會信心十足，覺得真愛可以戰勝一切，隨著關係的發展，雙方越來越熟悉，我們以為我們會對伴侶更加了解，其實不然。

## 第二道牆：自利性偏差

情境 1：已經上課 30 分鐘了，你手拿早餐慌慌張張地衝進教室。

你對此的解釋是：「天啊，你不知道今天早上我經歷了什麼！先是路上大塞車，我困在一個大十字路口一個小時心急如焚，然後我進學校的時候，突然衝出來一輛機車，我差點被撞。我有低血糖，早上不吃飯可能會暈倒，只好把早餐帶來教室了，下課的時候再出去吃掉。」

情境 2：已經上課 30 分鐘了，小 A 手拿早餐，慌慌張張地衝進教室。

你對此的解釋是：「天啊，他好懶，睡到現在乾脆別來了，遲到就遲到，居然還拿著早餐，對教授這麼不尊重，一頓不吃又不會怎樣。」

發現了嗎？當你是行動者和當事人的時候，你會傾向於外部歸因，把過錯歸於外部環境和壓力（塞車）；但當你是觀察者的時候，你會內部歸因把過錯歸於他的個性和意圖（懶，愛吃）。

這就是傳說中的「自利性偏差」（self-serving bias）。我們會欣然地把成功歸功於自己，極力為失敗找藉口，畢竟「甩鍋」非常有利於心理健康。

在親密關係中也是一樣。如果關係發展順利，我們可能會認為我們是大功臣，當關係變得糟糕的時候，我們會認為都是對方的錯。你變了，我們不像以前那樣好了。

這個研究有意思的是，我們都能輕而易舉地發現對方推卸責任的做法，如對方對自己居功的誇誇其談，對自己失敗而薄弱的解釋，對自己的行為毫無察覺，甚至振振有詞，覺得理所當然。

人類果然高明，我們都是自己行為的最佳辯護律師，我為自己代言！

## 第三道牆：男性自我表露的缺乏

論人際溝通能力，與女性相對比，大部分男性的確都是「小學生」。

研究發現，配偶之間自我表露越多，他們的婚姻就越幸福。

女性很擅長自我表露，她們的表達力更強，擅長表達愛和情感，而男性的工具性更強，更傾向於給出明確的指示和建議。男性的工具性適合職場，解決具體問題，殺伐決斷。但是，在人際關係的處理上，表達力比工具性更為重要。

## 第 10 章　愛人和敵人

男人是「職場動物」，女人是「家庭動物」，該說法雖然有失偏頗，但是對大多數人是適用的。

所以我們經常聽到這樣的對話。

「老公，你看我買了件新衣服，好不好看？」

「這是新衣服嗎？和以前的一模一樣啊。」

「寶貝，我上司今天罵了我！」

「又挨罵了？我想妳可能要從自身出發尋找原因。首先，這個事是不是妳做得不對，錯在不在妳身上；其次……」唉，越聽越想揍他。

如何成為優秀老公？

六字真訣送給各位。

傾聽、回應、讚美。

一名優秀諮商心理師最重要的職業要素是傾聽，並且適時地做出回應，乃至讚美：「哦，啊，嗯，這樣啊，你真的很不容易。」

同理，一名優秀的老公最重要的職業要素也是傾聽，並且做出回應，如果能適時地加入讚美，便可以打敗 99% 的老公了。

不好實際操作？沒關係，請把下面的例句背得滾瓜爛熟。

「啊，真的嗎？」

「是這樣啊，後來呢？」

「她怎麼這樣啊，別擔心，妳比她好看……」

「沒工作就沒工作，我養妳啊！」

你背熟了沒？沒背熟，再回去從頭唸一遍。

## 10.2　親密敵人

心理學關鍵字：衝突的原因、衝突的激發、衝突的升級

據說就算是最相愛的夫妻，一輩子也有 500 次想要掐死對方的念頭。

伴侶為什麼常常有衝突？如何解決衝突？衝突都是有害的嗎？

為什麼有的人一輩子吵吵鬧鬧，關係越吵越好，為什麼有的人吵架三次就「勞燕分飛」，一拍兩散？

夫妻間如何理性地爭吵？哪些話能說，哪些話少說，哪些話慎說？

## 親密關係中的衝突

- **情境 1：我遷就了你，我很不爽**

　老婆：「這次旅遊，我想去日本看櫻花。」

　老公：「日本有什麼好的，我們全家去美國自由行多爽！」

　老婆：「我想去日本買買買啊。」

　老公：「美國也可以買買買啊！」

　最終老公妥協了，全家去了日本。

　一路上，從飛機誤點到住宅條件有限，再到語言溝通不暢……每遇到一個困難，老公就會把美國的地大物博拿出來吹噓一番……一直持續到旅途結束。

　老婆：「以後你跪著求我，我也不會再和你一起出去玩，你也不用再委屈自己了！」

　親密關係中永恆的矛盾就是個體的自主性和他人親密性之間的矛盾。一方面，我們希望按自己的意願行事；另一方面，我們又渴望和他人在一起的溫暖。你要親密，還是自由？你要獨立，還是歸屬感？

215

## 第 10 章　愛人和敵人

魚與熊掌不可兼得，我們不可能同時擁有高度的自由和高度的親密。甚至有時候，魚和熊掌我們一個也沒有得到。

- **情境 2：你以前交往過幾個男（女）朋友？**

「你以前交過幾個女朋友？」

「三個。」

「三個？我才交過一個（虧了）。」

「她們是怎樣的人？她們比我漂亮嗎？你們為什麼分手？」

「你覺得我們的感情會一直這樣好嗎？能走多久？」

「應該會吧。」

「什麼叫應該，你就這麼沒有信心嗎？」

我們經常會遇到一個情況，當愛人問起你過往情史的時候，該和盤托出還是矢口否認，或者選擇性地表達？

我們需要和伴侶分享我們的思想與情感，自我表露越充分，感情越好越深。但是，我們也害怕伴侶說了我們不想聽的內容，同時也害怕伴侶問了我們不想回答的問題。

親密關係的另一個矛盾來自開放和封閉，我們一方面想要多說，一方面又擔心多說多錯。

- **情境 3：你變了，你不是從前的你了**

很多人一聽這種話就生氣，明明是我進步了，你跟不上了，就反過來說我變了。

那麼伴侶之間的關係到底應該保持原樣還是有所變化呢？

如果我們關係親密而快樂，我們當然希望感情永遠不變，但是事實是，時間在流動，人在成長，親密關係也在變化。

那麼，愛人變化的時候，是欣賞並接受他（她）的變化，還是固執地執著於原來的他（她）呢？

## 衝突的導火線

衝突普遍存在，衝突需要一個導火線。

批評是最常見的導火線。你指責了我，作為回報，我一定也要指責回去，禮尚往來嘛。

譬如指責金句：你為什麼總是……

「你為什麼脾氣總是這麼大？」──「我的脾氣大？你的脾氣才大！」

「你為什麼總是這麼小氣？」──「我哪裡小氣，你才小氣！」

「你為什麼這麼不可靠？」──「說得好像你很可靠似的！」

「我還能指望你做什麼？」──「那剛剛好，誰都不要拜託誰做什麼！」

想要愛人變敵人，請常用批評和指責。

「無理要求」常常讓伴侶覺得不公平，比如以下電視劇《還珠格格》中紫薇和爾康吵架的經典臺詞。

男：「你無情、你殘酷、你無理取鬧！」

女：「那你就不無情、不殘酷、不無理取鬧？」

男：「我哪裡無情、哪裡殘酷、哪裡無理取鬧？」

女：「你哪裡不無情、哪裡不殘酷、哪裡不無理取鬧？」

來人啊，幫我把電視機關掉！

「拒絕」在親密關係中也同樣讓人生氣，如今天月黑風高，柳暗花明，春宵一刻值千金。你給了老婆一個清楚的性暗示後，她還是不解風情地睡著了。很挫敗，對不對？

請大家猜一猜，在婚姻中最容易引發衝突的導火線是什麼話題？

金錢？貧賤夫妻百事哀嘛。

親戚？三姑六婆簡直就是「沒事找事幹」！

工作？有句話叫做「不要把工作帶到家庭」，為何有這句話，因為我們常常把工作的煩惱帶回家，從而讓整個家陪你一起煩惱。

孩子？恭喜你答對了，排名第一的衝突導火線是孩子。

有人說結婚是感情的分水嶺，不，孩子才是。

結婚如果沒有孩子，你們雙人伴侶還可以繼續當兩個「小孩」，可是，一旦有了孩子，你們兩個要迅速成長為「大人」。

孩子是日常夫妻矛盾的導火線。研究發現，在夫妻的日常爭論中，衝突比例最高的是關於對孩子的照料和教導，其衝突比例高達 38%。

也就是說你們每吵 100 句，有 38 句是關於孩子。

如何照料孩子？誰來管教孩子？報幾個才藝班？誰負責接送？誰輔導作業？

別看這些微不足道的小事，其實全都是「地雷」，一言不合「血流成河」。

## 衝突的升級：我該不該「發飆」

上文提到，我們每個人都是自己行為的最佳辯護人，因為自利性偏差，我們每個人都會覺得自己完全沒問題，絕對對得起良心，而伴侶則不然。當我們被激怒的時候，我們會認為伴侶是故意的，他們自私、貪婪、無理取鬧、不負責任。熊熊怒火在我們心中燃燒，這個時候問題來了，我們該「發飆」嗎？

很多人認為，脾氣必須有個出口，當我們憤怒的時候，壓抑憤怒可能會「內傷」，這樣極度不利於身心健康。那麼，把脾氣發出來真的會好嗎？

「發飆」很簡單，「怨人」很容易，但是你是否考慮過人際影響？

我們來看看心理學的研究結果：當你感到憤怒的時候就表達出憤怒幾乎總是讓你感到更憤怒。

越流淚，越委屈。越「發飆」，越憤怒。

一個經常控制不住自己憤怒情緒的人很難擁有好的人際關係和親密關係，當我們憤怒的時候選擇立即向伴侶發火，通常情況下我們會感受到伴侶激烈的憤怒反彈。一個人的憤怒延燒成兩個人的憤怒，一把「你不想洗碗讓我不爽」的星星之火，燃燒成「你自私自利從不考慮他人」的熊熊大火，最後發展成「你全家都自私才會有你這麼自私的兒子」的燎原之火。

憤怒是一種超級病菌，不僅會傳遞，而且傳染性極強，伴侶一方經常發怒的話，另一方只好忍不住也發怒了，這裡有個專業詞彙叫做「負面情感的相互作用」，俗稱以暴制暴。

想一想網路上常見的論戰和語言暴力，是不是更容易理解了呢？

# 應對衝突的四種夫妻

當衝突升級如何處理？婚姻界的大師約翰・高特曼透過研究如何處理衝突，把夫妻分為四種類型。

## · 多變型夫妻

衝突很頻繁，熄火很快速。這類夫妻積極投身辯論事業，經常上演火山爆發式的各式衝突，他們以說服對方為終生目標，可惜終生不能如願。

他們經常表現出各種強烈的負面情緒，如大吼大叫、歇斯底里，但是他們同時擁有超人的智慧和魚一樣的記憶來緩和憤怒、忘記衝突。這就是傳說中的「打是情、罵是愛」。

朋友小 A：小時候超級害怕爸媽爭吵，總會躲在被子裡偷偷地哭，害怕他們離婚……長大後發現，小的時候真蠢啊，白流了多少眼淚，看事情只看表面，看不到本質。他們明明越吵感情越好，在爭吵中鍛鍊口才，在辯論中表達自我。

## 第 10 章　愛人和敵人

- **認可型夫妻**

這種夫妻即使討論最激烈的話題，他們也會自我控制、表現平靜，盡可能以理服人、以德服人。他們認可對方，嘗試共同努力解決問題。

- **逃避型夫妻**

逃避型夫妻就像鴕鳥，他們一直秉持「大事化小、小事化了」的原則。他們酷愛逃避衝突，他們相信傳統家庭哲學，事緩則圓。隨著時間流逝，問題一定能夠得到自然的解決。他們害怕衝突，相信只要放鬆，問題就會過去。

如果雙方都這麼想，事情還好處理，但是如果一方想吵架，一方逃避，事情就發展成明明只想好好吵架，可是就是不說話！

朋友小 C 向我傾訴：每次向老公嘗試表達感受，試著解決問題，他就跟沒聽見一樣低頭玩他的手機。有次我氣極了，衝過去把他「暴打」一頓，把他手機打到了地上，他只有抬頭看了我一眼，皺皺眉頭說妳瘋了，然後撿起手機繼續玩。我當時心中只有一個想法，掐死老公會被判幾年？

- **對立型夫妻**

這就厲害了。夫妻經常爆發激烈的爭吵，彼此之間用各種侮辱性的語言辱罵、壓制和譏諷對方和對方親人，他們根本聽不見，也不想聽對方在講什麼。他們就算不主動爭吵，也會惡意相待。他們和其他三種夫妻完全不同，他們是抱著玉石俱焚、同歸於盡的心情在做夫妻，我實在搞不清他們是愛人還是敵人？

文章到了尾聲，兩個問題你有答案了嗎？爭吵一定對感情有危害嗎？夫妻有爭吵和衝突怎麼辦？

衝突在親密關係中普遍存在，衝突發生了也不要逃避。爭吵不一定對感情有害，不吵也不代表關係真的很好。

有的夫妻在吵吵鬧鬧中完成了對愛的重新定義，他們把爭吵當作加深彼此之間相互了解的契機；有的夫妻在吵吵鬧鬧中完成從愛到恨的情感轉移，最終一拍兩散，分道揚鑣；有的夫妻不吵也不鬧，卻在長久的忽視和冷漠中無法忍耐，結束了婚姻這場漫長的修行。

## 10.3 別對我說謊

### 心理學關鍵字：謊言、背叛

大多數人都希望自己能遇到一位忠貞的伴侶，但是據調查發現，全世界大多數男性（54%）和一部分女性（34%）都曾暗中勾引過別人的伴侶，而且他們中間有 80% 至少成功了一次。

結婚率一路走低，離婚率一路飆升，這個事實已成歷史洪流不可逆轉。反正我身邊專打離婚官司的律師朋友都變得忙碌起來了。

離婚原因前三項：

第一名：一方出軌

第二名：家庭暴力

第三名：個性不合

## 出軌者的職業

出軌率最高的職業是什麼呢？

在男性群體中，出軌第一的高風險職業居然是程式設計師！果然人不可貌相，海水不可斗量。

## 第 10 章　愛人和敵人

看來是時候要打破女性擇偶的刻板印象了，很多女人認為長相忠厚老實、不修邊幅、加班過多的男人可以嫁，他們大部分不會出軌。

也可以反過來解釋：長相忠厚老實──別的女人也這麼覺得；不修邊幅──正好可以省出大把銀子巴結女孩子；加班過多──多麼正當讓人不會懷疑的藉口，誰知道你每天窩在電腦前是在寫程式還是和女性聊天？

在女性群體中，出軌第一的職業是全職太太，當然如果全職太太也能算一份職業。看來人果然是需要工作的「猴子」，一閒下來就容易出軌。

腦海中浮現日劇《晝顏～平日午後 3 點的戀人們～》裡的經典「箴言」，結婚就是用失去的熱情來換取安穩。

婚後三年老公就把老婆當成冰箱了。不管什麼時候，打開門就有食物，冰箱壞了會很不方便，但是也不會保養。可是如果你在外面談戀愛的話，在家對老公也會寬容的。

果然是出軌女性的最佳心聲。

發現了嗎？女人常常因為寂寞出軌，情感需求得不到滿足，而男人常常因為有錢出軌。時代果然是變了，程式設計員居然成了有錢人的代表。

## 出軌者的特徵

### · 書讀得少更容易出軌

研究發現，在年長、受教育程度高和有宗教信仰的人中，較少出現背叛。看來讀書還是真的有用。

問題來了：你們覺得背叛者和被背叛者誰更容易有心理問題？

肯定是被背叛者啊，世界坍塌，內心崩潰，多可憐啊。

偷偷告訴你，背叛者也好不到哪裡去。那些經常背叛他人的人也不快樂。真的，經常做壞事的人比較容易不開心。

背叛者不太容易相信他人，他們錯誤地認為別人和自己一樣，都有同樣的行為動機。背叛者更容易有報復心、懷恨多疑，他們更容易嫉妒或者玩世不恭，更有可能產生心理問題。

經典問題：老天為什麼不懲罰壞人？

經典回答：老天已經懲罰他做壞人了。

## · 自私自利者更容易出軌

一般認為，出軌者多外向好色，他們的隨和與責任感都較低，他們只注重自我享受，不在意他人感受，更別提什麼責任感。

他們通常更加自戀並且愛操縱他人。從人格特點的穩定性來講，「一次不忠，百次不用」可能有其科學道理。一方面，當他們勾引成功的時候，就會自我「膨脹」，想要再次獵豔；另一方面，如果他第一次出軌是為了更有價值的對象，那麼當更有價值的對象出現時，他們也可能出軌，一旦有第一次出軌，人們往往會再次出軌。

所以，那些死皮賴臉、當第三者的女人真的沒有必要得意太久，一旦小四、小五出現，鬧劇重演，她一定也是「炮灰」，永遠不要覺得自己是那個最特別的。

女性出軌的時候通常會炫耀她們的性魅力和女人味，而男人則會宣揚自己的權勢，以及能為女性提供的各種資源。

所以，女性在出軌約會第三者的時候，會悉心打扮、散發魅力，男人則會讚美奉承、揮金如土。

## 一日說謊，終生說謊

出軌與謊言是一對好兄弟，如影隨形。一次出軌可能伴隨千百次的謊言。

# 第 10 章　愛人和敵人

我們在日常生活中常常說謊，但大多是無傷大雅的謊話。

在社交場合中，我們常常禮貌性地說謊。比如，你這件衣服真的很好看，很襯托你的膚色（表達禮貌和善意）；好的，我明白了，我馬上就去做（應付上司，避免挨罵）；我完全同意你的觀點（希望獲得你的喜歡）。

當男人面對心儀的漂亮女性的時候，可能會誇大自己的魅力和收入。女人更有可能在性生活中假裝高潮，作為對男性性能力的激勵和肯定。這些謊言大多不會被拆穿。

人們較少對自己的愛人和朋友說自私貪婪的謊言，但是一旦說出，就是彌天大謊。最嚴重的謊話也往往發生在親密關係中。

很多人被劈腿後總會說，他為什麼要騙我呢？他不愛我我們就分手啊，他為什麼要騙我騙得那麼慘？

此處引入兩個心理學概念。

事實偏見：親密伴侶對彼此有著超乎常人的了解，他們也有異常的自信，「我是世界上最了解你的人，所以，你一定說的都是真話，你肯定不會騙我。」

結果還是常常被「打臉」，研究發現，他們的自信程度和他們判斷的準確性沒有半毛錢關係。

很多人認為自己欺騙伴侶的能力比伴侶識破謊言的能力更強，其實，也許真的是你想多了，對方只是靜靜看著你演戲罷了。

畢竟，人生已經如此地艱難，有些事情就不要拆穿了。

欺騙者猜疑：親密關係中的說謊會破壞伴侶之間的信任。當人們沒有遭受欺騙的時候，他們會覺得愛人一定不會騙他；當人們遭受一次欺騙的時候，他們覺得對方一定還會再欺騙他。

美劇《六人行》裡瑞秋說過這樣一句話，「一日出軌，終身出軌」。科學調查發現，與那些對伴侶忠誠的人相比，那些在初戀就出軌的人在下一段感情中出軌的可能性會高出 3 倍。

當一個人屢次欺騙伴侶時，大腦會逐漸適應並且根本就不再對撒謊感到愧疚。研究顯示，撒一些小謊會使我們的大腦對相關負面情緒產生麻木感，這可能會「鼓勵」我們在未來撒下更大的謊言。這叫做說謊成癮。

當一個人遭受一次愛人的重大欺騙，也就根本很難再重拾對愛人的絕對信賴。你騙過我一次，我再看你之後的每一句話語，目光都充滿了不信任，這叫做信任危機。

信任危機會讓親密關係如履薄冰，那麼遭受背叛和信任危機之後，兩個人還能和好如初嗎？

## 10.4　背叛了還能原諒嗎

心理學關鍵字：背叛的兩面性、應對背叛

為什麼傷害的種類那麼多，背叛最難以忍受？

如果被背叛了，到底該怎麼辦？

背叛行為在親密關係中普遍存在，所以我們今天要討論的是一個亙古難題。

## 背叛的兩面性

心理學研究發現背叛具備兩面性。

一面是被背叛者：幾乎所有的被背叛者（93%）都認為背叛會損壞關係，導致較低的關係滿意度和揮之不去的懷疑與猜忌。

親密關係和普通人際關係完全不同，普通的熟人不可能像我們愛的人那樣徹底地傷害和背叛我們，我們根本不會給他們這個權力。

所以，所愛的人給我們的傷害是任何其他人造成的傷害所不能比擬的。

另一面是背叛者：我說過，每個人都是自己行為的最佳辯護人。背叛者深知背叛是不好的，為了讓自己道德良心平衡，讓自己好過，他們會盡可能地弱化和低估自己的背叛行為，或者把自己的行為合理化。

他可能會說，我只是犯了一個天下男人都會犯的錯誤。把背叛歸結於全天下男人的劣根性。或者會說，我當時喝多了，前女友又正好在我身邊，我才不小心和她擁抱了，將自己的責任推卸給酒精。

更可恨的背叛者會把自己背叛的罪責推給伴侶，蒼蠅不叮無縫的蛋。難道只有我一個人有問題嗎？一個巴掌拍不響！什麼啊，蒼蠅什麼蛋都叮啊。對啊，一個巴掌拍不響，所以你拍了別人的巴掌啊。

## 為何背叛這麼傷

· **背叛會導致愛情信仰的破碎**

那個和我海誓山盟，信誓旦旦說愛我一輩子的人哪裡去了？

如果我連你都不能信任，我還能信任誰？

原來我不是你心底的唯一，我不是那個獨一無二的存在。

· **背叛令人痛苦**

痛苦、質疑後會伴隨深深的嫉妒，他真的那麼好嗎？我到底哪點比不上他？

如果伴侶出軌，男性和女性都會嫉妒，但他們嫉妒的內容、腦海裡的畫面是不一樣的。

男性一想到伴侶性方面的不忠、身體出軌時最容易嫉妒。妳和他發展到哪一步了？妳跟他上床了？

而女性對伴侶感情的不忠貞，精神出軌的反應最為強烈。你愛上她了？你離不開她了？

　　一方面的解釋來自演化心理學觀點：女性不忠，男性付出代價太大。男人最害怕的是頭頂一片「綠草原」。「為人父的不確定性」使得男性比女性對性的不忠更警覺，他們害怕突然多出一個非自己親生的小孩，並且要為他負責任。

　　對女性而言，更危險的不是伴侶與他人的性，而是伴侶對他人的愛，如果男人愛上別人，可能就不願意為自己和孩子提供生存資源，孩子的未來就會受到損害和威脅。

　　另一方面的解釋是：女人的性和愛很難分開，女人只會跟喜歡的男人上床，所以，一個女人身體出軌，基本上就表示她的身體和精神雙重出軌了。而男人，通常被認為性和愛可以分開。所以，一般而言男人身體出軌可能僅僅是身體出軌，但是精神出軌則象徵著身體和精神的雙重出軌。

## ・ 背叛讓人自我懷疑和否定

　　背叛最嚴重的損害是對受害者自我的損害。我原以為我很了解你，也很了解我自己，我原以為我會愛人，也值得別人去愛，但是現在我對一切產生了懷疑。

　　我們的愛人會帶給我們最親密的保護，也會以常人不能的方式傷害我們。

　　來自最親密愛人的背叛會導致我們的認同感危機。我還是一個值得被愛的人嗎？我還能選擇相信別人嗎？

　　如果背叛不只發生在愛人身上，還有些更加「狗血」的橋段，如你的愛人和你最好的閨密在一起了，你會價值觀盡碎，世界崩塌。

第 10 章　愛人和敵人

## 背叛了還能原諒嗎

　　背叛總是會為親密關係帶來負面和持久的影響，背叛通常是尋求心理治療或離婚的夫妻抱怨的焦點所在。

　　我們該如何應對背叛呢？應對背叛的好方式如下。

1. 面對背叛。

　　對，我就是被「劈腿」了，這是我男朋友的錯，不是我的錯。

2. 以積極的方式對事情重新解釋，把它當作個人成長的歷練。

　　我的確沒有看男人的眼光，這方面我以後要千百倍地加強。

3. 向朋友尋求幫助。

　　小麗，我這麼好，他為什麼不知道珍惜？

　　這些方式是健康積極的自我修復和自我重建，值得提倡。

　　應對背叛的壞方式如下。

1. 假裝背叛沒有發生。

　　我怎麼可能被背叛，肯定是誤會！他們兩個肯定沒有抱在一起，是借位！（你以為在拍電影啊？）或者是我看錯了！（你不是視力超群嗎？）

2. 獨自承受所有負面情緒，依靠藥物或者酒精麻痺痛苦。

　　我要把自己關在屋子裡獨自舔舐傷口，等我閉關出來還是好漢一條！（朋友，你知不知道舉杯消愁愁更愁，失戀的痛苦治好了，還要去治療酒精成癮。）

3. 以牙還牙，以眼還眼。

　　聽上去超級痛快，把兩個壞人拖出來痛打一頓，遊街示眾，鬧得雞犬不寧，滿城風雨，「你不讓我好過，我也不讓你好過」。其實，最後都不好過。

暫且不說這種方式多麼不體面，他越「渣」不是代表你越「瞎」嗎？這種報複方式像《倚天屠龍記》裡謝遜修煉的七傷拳，殺敵一千，自損八百。

心理學研究發現，報復心越重的人通常比較神經質，也缺乏隨和的能力，他們在報復他人的同時反覆思考和回放自己被背叛的片段，從而不斷地再次受傷害，不斷加強自己報復的決心。他們通常過得不好，因為不願忘記，他們甚至很難開始新的生活。

這些方式接近於自毀，請大家謹慎考慮。

當然，如果你想要選擇原諒，這個時候要寬恕別人不是一件容易的事，至少需要以下兩點。

1. 背叛者承認錯誤，真誠道歉。
2. 被背叛者的共情，設身處地思考對方為什麼會犯錯，兩個人的關係如何改進。

研究發現，安全型依戀的人比不安全型依戀的人更容易寬恕他人，安全型依戀的人很幸運，他們從小幫自己搭建了一個安全堡壘，為自己提供了充足的安全感，他們更願意相信寬恕後愛人會有改變，這對於親密關係的維護是有益的。

不安全依戀的人則很難寬恕他人，他們小時候就體驗到被拋棄的焦慮和痛苦，當他們成年後再次體驗，他們極有可能會放大這種痛苦的體驗和過程，不斷地回放伴侶出軌的事實，對每一個出軌的細節追根究柢，最終會導致親密關係的失敗。

隨和的人也更容易寬恕別人，這類人同理心強，比較能夠設身處地地為他人著想，更擅長把人和事情分開，「你這件事做錯了，不代表你整個人都是壞的」，就事論事，不會一竿子打翻一船人。

雖然寬恕很難，但是好消息是，寬恕的確能改善親密關係。如果背叛者真心道歉，你也真心接受了道歉，你們的關係甚至還有更進一步的空間，那些寬恕伴侶的人的確享受到了更多的幸福和更高的自尊、更少的敵意、更少的苦惱和緊張、更滿意的生活。這些是那些沒有寬恕之心的人無法企及的。

綜上所述，寬恕並不能把壞男人變成好男人，寬恕也不是告訴你要毫無底線地一而再、再而三地原諒出軌的伴侶。

如果對方不是真心悔悟，你也不能真正放下，此時的寬恕是有害的，它會削弱你的自尊。

但是如果對方真心悔悟，你也的確願意為一段珍貴的親密關係再多努力一下，也許你可以嘗試寬恕，雖然愛情會讓我們付出極大的代價，但是也可能為我們帶來獨一無二的、不可替代的獎賞。

## 10.5　拓展：你有成為背叛者的傾向嗎

背叛是有個體差異的，比如有的人更容易背叛他人，而有的人則非常嚴於律己，根本就不允許自己有一點道德的瑕疵。

相較而言，男女在背叛的對象上也有區別，男人更傾向背叛自己的伴侶和生意夥伴，而女人更傾向背叛她們的家人和朋友，比如為了一個窮小子和家庭反目，毅然決然地追求自己的愛情。

想知道你的背叛指數是高還是低，不如一起來做以下這個測試 —— 人際背叛量表，來看看你不為人知的另一面吧。

# 題目

你做下面事情的頻率如何？請閱讀每個項目並用下面的評分等級打分數：

1 —— 我從不這麼做

2 —— 我做過一次

3 —— 我這麼做過少數幾次

4 —— 我這麼做過若干次

5 —— 我經常這麼做

1. 為了在別人面前留下深刻的印象，怠慢自己的朋友。

2. 沒有充分的理由就違背自己答應的承諾。

3. 為了得到他人的接納，違心同意他們的觀點。

4. 假裝喜歡你厭惡的人。

5. 在朋友背後說長道短。

6. 向朋友許下自己根本就不想遵守的承諾。

7. 為了得到「圈內人」的接納，不堅持自己的信仰和主張。

8. 向別人抱怨你的朋友和家人。

9. 把朋友透露給你的心裡話告訴別人。

10. 對朋友說謊。

11. 向家人許下自己根本就不想遵守的承諾。

12. 當朋友受人批評或輕視的時候不出面維護他。

13. 想當然爾地認為家人就是正確的。

14. 對於自己所從事的活動，說謊欺瞞父母或配偶。

15. 希望你討厭的人倒大楣。

## 第 10 章　愛人和敵人

## 計分

將你的回答加在一起就是你的總分。

## 解釋

大學生平均分為 36 分，離校的成年人平均分為 35 分，年過 65 歲的老人平均分為 28 分。量表的標準差為 8 分。

所以，如果你的得分高於 44 分，你的背叛指數就高於平均分，如果你的得分等於或者低於 28 分，你就比大多數人更少背叛別人。

資料來源：Jones&Burdette, 1994.

# 參考閱讀

[01] Hamermesh D S, Biddle J E. Beauty and the labor market[R]. National Bureau of Economic Research, 1993.

[02] Griff i n A M, Langlois J H. Stereotype directionality and attractiveness stereotyping：Is beauty good or is ugly bad?[J]. Social cognition, 2006, 24(2)：187-206.

[03] 中華醫學會精神科學會．中國精神疾病分類方案與診斷標準 [M]．1995．

[04] 發生認識論原理 [M]. 1981.

[05] Byrne D, Clore G L. Effectance Arousal And Attraction.[J]. Journal of Personality & Social Psychology, 1967, 6(4)：Suppl：1-18.

[06] Field T M. Massage therapy effects[J]. American Psychologist, 1998, 53(12)：1270.

[07] Scaf i di F A, Field T, Schanberg S M. Factors that predict which preterm infants behef i t most from massage therapy[J]. Journal of Developmental and Behavioral Pediatrics, 1993.

[08] Edlund J E, Sagarin B J. Mate value and mate preferences：An investigation into decisions made with and without constraints[J]. Personality & Individual Differences, 2010, 49(8)：835-839.

[09] Wenzel A, Emerson T. Mate selection in socially anxious and nonanxious individuals.[J]. Journal of Social & Clinical Psychology, 2009, 28(3)：341-363.

[10] Caldwell C, Dixon R D. Love, forgiveness, and trust：Critical values of the modern leader[J]. Journal of Business Ethics, 2010, 93(1)：91-101.

[11] Brehm S S. Intimate relationships[M]. Mcgraw-Hill Book Company, 1992.

[12] Barrett L, Dunbar R, Lycett J. Human evolutionary psychology[M]. Princeton University Press, 2002.

[13] Dunn M J, Brinton S, Clark L. Universal sex differences in online advertisers age preferences：Comparing data from 14 cultures and 2 religious groups[J]. Evolution and Human Behavior, 2010, 31(6)：383-393.

[14] Mathes E W, Kozak G. The exchange of physical attractiveness for resource potential and commitment[J]. Journal of Evolutionary Psychology, 2008, 6(1)：43-56.

[15] Stanik C E, Ellsworth P C. Who cares about marrying a rich man? Intelligence and variation in women』s mate preferences[J]. Human Nature, 2010, 21(2)：

203-217.

[16] Davis H R. Just and Unjust Wars：A Moral Argument with Historical Illustrations. By Michael Walzer. (New York：Basic Books, 1977, pp. x, 361. $15.00.)[J]. Religious Studies Review, 2010, 4(4)：240-245.

[17] Fletcher G J O, Tither J M, O』Loughlin C, et al. Warm and homely or cold and beautiful? Sex differences in trading off traits in mate selection[J]. Personality and Social Psychology Bulletin, 2004, 30(6)：659-672.

[18] Frederick D A, Haselton M G. Why is muscularity sexy? Tests of the fi tness indicator hypothesis[J]. Personality and Social Psychology Bulletin, 2007, 33(8)：1167-1183.

[19] 同 [17].

[20] Li N. Intelligent priorities：Adaptive long-and short-term mate preferences[M]//Mating Intelligence. Psychology Press, 2012：131-146.

[21] Tolmacz R, Goldzweig G, Guttman R. Attachment styles and the ideal image of a mate[J]. European Psychologist, 2004, 9(2)：87-95.

[22] Li N P, Bailey J M, Kenrick D T, et al. The necessities and luxuries of mate preferences：testing the tradeoffs[J]. Journal of personality and social psychology, 2002, 82(6)：947.

[23] Bleidorn W, Arslan R C, Denissen J J A, et al. Age and gender differences in self-esteem—A cross-cultural window[J]. Journal of personality and social psychology, 2016, 111(3)：396.

[24] Crocker J, Luhtanen R K. Level of Self-Esteem and Contingencies of Self-Worth：Unique Effects on Academic, Social, and Financial Problems in College Students：[J]. Personality & Social Psychology Bulletin, 2003, 29(6)：701-12.

[25] Baumeister R F. The nature and function of self-esteem：Sociometer theory[J]. Advances in Experimental Social Psychology, 2000, 32(00)：1-62.

[26] Carmichael C L, Tsai F F, Smith S M, et al. The self and intimate relationships. [M]// The Self. 2007.

[27] Coan J A, Schaefer H S, Davidson R J. Lending a hand：social regulation of the neural response to threat[J]. Psychological Science, 2010, 17(12)：1032-1039.

[28] Master S L, Eisenberger N I, Taylor S E, A Picture』s Worth：Partner Photographs Reduce Experimentally Induced Pain, 2009, 20：1316-1318.

[29] Gouin J P, Carter C S, Pournajafi-Nazarloo H, et al. Marital behavior, oxytocin, vasopressin, and wound healing[J]. Psychoneuroendocrinology,

2010, 35(7)：1082-1090.

[30] Dush, C. M K. Consequences of relationship status and quality for subjective well-being[J]. Journal of Social and Personal Relationships, 2005, 22(5)：607-627.

[31] Cohen S, Gottlieb B H, Underwood L G. Social relationships and health：challenges for measurement and intervention[J]. Advances in mind-body medicine, 2001, 17(2)：129.

[32] Berkman L F, Glass T. Social Integration, Social Networks, Social Support, and Health[J]. Social Science & Medicine, 2000, 51(6)：843.

[33] Elwert F, Christakis N A. The Effect of Widowhood on Mortality by the Causes of Death of Both Spouses[J]. American Journal of Public Health, 2008, 98(11)：2092-2098.

[34] South S J, Shen T Y. Changing Partners：Toward a Macrostructural-Opportunity Theory of Marital Dissolution[J]. Journal of Marriage and Family, 2001, 63(3)：743-754.

[35] Amato P R. The Marriage-Go-Round：The State of Marriage and the Family in America Today-by Andrew J. Cherlin[J]. Journal of Marriage & Family, 2010, 72(5)：1455-1457.

[36] Enke,A,The effectiveness of female date-initiation tactics.poster presented at the meeting of the Society for Personality and Social Psycholgy,San Antonio,TX.

[37] Reed W. Larson, Nancy Bradney, Precious moments with family members and friends. In R.M.Milardo(ED),Famlilies and social networks：107-109.

[38] Ackerman J M, Kenrick D T. Cooperative courtship：helping friends raise and raze relationship barriers[J]. Pers Soc Psychol Bull, 2009, 35(10)：1285-1300.

[39] Etcheverry P E, Benjamin L E, Charania M R. Perceived versus reported social referent approval and romantic relationship commitment and persistence[J]. Personal Relationships, 2008, 15(3)：15.

[40] Agnew L C R. Perceived Marginalization and the Prediction of Romantic Relationship Stability[J]. Journal of Marriage and Family, 2007, 69(4)：1036-1049.

[41] 尼古拉斯·克里斯塔基斯, 詹姆斯·富勒·大連接：社會網路是如何形成的以及對人類現實行為的影響 [M]. 2013·

[42] Kline,S.L,Stafford,L. A comparison of interaction rules and interaction frequency in relationship to marital quality[J].Communication Reports,2004,

(1)：11-26.

[43] Gable S L, Reis H T. Good news! Capitalizing on positive events in an interpersonal context.[J]. Advances in Experimental Social Psychology, 2010, 42(10)：195-257.

[44] Marshall A D, Holtzworth-Munroe A. Recognition of wives』 emotional expressions：A mechanism in the relationship between psychopathology and intimate partner violence perpetration.[J]. Journal of Family Psychology, 2010, 24(1)：21-30.

[45] Leone C, Hawkins L A B. Self-Monitoring and Close Relationships[J]. Journal of Personality, 2006, 74(3)：739-778.

[46] Carstensen L L, Isaacowitz D M, Charles S T. Taking time seriously. A theory of socioemotional selectivity[J]. American Psychologist, 1999, 54(3)：165.

[47] Lehmiller J J, Vanderdrift L E, Kelly J R. Sex Differences in Approaching Friends with Benef i ts Relationships[J]. Journal of Sex Research, 2011, 48(2、3)：275-284.

[48] Halatsis P, Christakis N. The challenge of sexual attraction within heterosexuals cross-sex friendship[J]. Journal of Social and Personal Relationships, 2009, 26(6、7)：919-937.

[49] Tracy J L, Robins R W. The automaticity of emotion recognition[J]. Emotion, 2008, 8(1)：81-95.

[50] Christine A. Smith, Ingrid Johnston-Robledo, Maureen C. McHugh;Joan C. Chrisler. Words Matter：The Language of Gender[M]. Handbook of Gender Research in Psychology. New York, Springer, 2010.

[51] Leary M R, Herbst K C, Mccrary F. Finding pleasure in solitary activities：desire for aloneness or disinterest in social contact?[J]. Personality & Individual Differences, 2003, 35(1)：59-68.

[52] Cacioppo J T, Hawkley L C, Ernst J M, et al. Loneliness within a nomological net：An evolutionary perspective[J]. Journal of Research in Personality, 2006, 40(6)：1054-1085.

[53] Hatf i eld E, Rapson R L, Aumer-Ryan K. Social Justice in Love Relationships：Recent Developments[J]. Social Justice Research, 2008, 21(4)：413-431.

[54] Diamond L M. Emerging Perspectives on Distinctions between Romantic Love and Sexual Desire[J]. Current Directions in Psychological Science, 2004, 13(3)：116-119.

[55] Sprecher S, Regan P C. Passionate and Companionate Love in Courting and Young Married Couples[J]. Sociological Inquiry, 1998, 68(2)：163-185.

[56] Martin K A, Leary M R, Rejeski W J. Self-Presentational Concerns in Older Adults：Implications for Health and Well-Being[J]. Basic and Applied Social Psychology, 2000, 22(3)：169-179.

[57] Hendrick S S, Hendrick C, Lovers as friends[J]. Journal of Social and Personal Relationships,10： 459-466.

[58] Impett, Emily A Gordon, Amie MImpett,E. A., & Gordon, A. M. (2008). For the good of others：Toward a positive psychology of sacrifice. In S. J. Lopez (ed.), Positive psychology：Exploring the best in people, Vol. 2：79-100.

[59] Hampel A D, Vangelisti A L. Commitment expectations in romantic relationships：Application of a prototype interaction-pattern model[J]. Personal Relationships, 2008, 15(1)：22.

[60] Weigel D J. A dyadic assessment of how couples indicate their commitment to each other[J]. Personal Relationships, 2008, 15(1)：23.

[61] Rusbult C E. Interdependence in Close Relationships[M]. Blackwell Handbook of Social Psychology：Interpersonal Processes. Blackwell Publishers Ltd., 2001.

[62] Swann W B, Bosson J K. Self and Identity[M]. Handbook of Social Psychology. John Wiley & Sons, Inc. 2010.

[63] Kahneman,D.,Tversky,A.The psychology of preferences. Scientific American. 1982Kahneman, D and Tversky, A. (1982), 「The Psychology of Preferences,」 Scientif i c American, 246 (January)：160-173.

[64] Reis H T, Smith S M, Carmichael C L, et al. Are you happy for me? How sharing positive events with others provides personal and interpersonal benef i ts[J]. Journal of Personality and Social Psychology, 2010, 99(2)：311-329.

[65] Bartholomew K. Avoidance of intimacy：An attachment perspective[J]. Journal of Social & Personal Relationships, 1990, 7(2)：147-178.

[66] Schwarz S, Hassebrauck M. Self-perceived and observed variations in women』 s attractiveness throughout the menstrual cycle—a diary study[J]. Evolution & Human Behavior, 2008, 29(4)：282-288.

# 參考閱讀

[67] Birnie, C. J & Lydon, J. E, Intimacy, attachment, and well-being in heterosexual romantic relationships over time[J]. Poster presented at the meeting of the Society for Personality and Social Psychology, San Antonio,TX.

[68] Fraley, Chris R. Attachment Stability From Infancy to Adulthood：Meta-Analysis and Dynamic Modeling of Developmental Mechanisms[J]. Personality and Social Psychology Review, 2002, 6(2)：123-151.

[69] Pinquart, M. Loneliness in Married, Widowed, Divorced, and Never-Married Older Adults[J]. Journal of Social and Personal Relationships, 2003, 20(1)：31-53.

[70] Bem S L. The Lenses of Gender：Transforming the Debate on Sexual Inequality[M]. The lenses of gender：transforming the debate of sexual inequality. 1993.

[71] BECK, Lindsey A, CLARK, et al. What Constitutes a Healthy Communal Marriage and Why Relationship Stage Matters[J]. Journal of Family Theory & Review, 2010, 2(4)：299-315.

[72] Grote N K, Clark M S. Perceiving unfairness in the family：Cause or consequence of marital distress?[J]. Journal of Personality and Social Psychology, 2001, 80(2)：281-293.

[73] Goodwin R, Gaines S O. Relationships beliefs and relationship quality across cultures：Country as a moderator of dysfunctional beliefs and relationship quality in three former Communist societies[J]. Personal Relationships, 2004, 11(3)：13.

[74] Ahmetoglu G, Swami V, Chamorropremuzic T. The relationship between dimensions of love, personality, and relationship length.[J]. Archives of Sexual Behavior, 2010, 39(5)：1181-1190.

[75] Erik Homburger Erikson, Childhood and Society[M]. 1950.

[76] Zajonc, R. B. Mere Exposure：A Gateway to the Subliminal[J]. Current Directions in Psychological Science, 2001, 10(6)：224-228.

[77] Lilgendahl J P, Mcadams D P. Constructing Stories of Self-Growth：How Individual Differences in Patterns of Autobiographical Reasoning Relate to Well-Being in Midlife[J]. J Pers, 2011, 79(2)：391-428.

[78] Listed N A. Births, marriages, divorces, and deaths：provisional data for October 2001[J]. 2002.

[79] Karney B R, Bradbury T N. The Longitudinal Course of Marital Quality and Stability[J]. Psychological Bulletin, 1995, 118(1)：3-34.

[80] Bartell D S,Influence of Parental Divorce on Romantic Relationships in Young Adulthood： A Cognitive-Developmental Perspective[J]. Handbook of divorce and relationship dissolution,2010： 339-360.

[81] Sun Y, Li Y. Children』s Well-Being during Parents Marital Disruption Process： A Pooled Time-Series Analysis[J]. Journal of Marriage and Family, 2002, 64(2)：472-488.

[82] Fitch, C. A. & Ruggles, S. (2000).Historical trendsinmarriageformation： The United States, 1850-1990. In L. J. Waite, et al. (eds.), The ties that bind： Perspectives onmarriageand cohabitation, 59-88.

[83] Lyngstad T, Jalovaara M. A review of the antecedents of union dissolution[J]. Demographic Research, 2010, 23(10)：257-292.

[84] Randall A K, Bodenmann G. The role of stress on close relationships and marital satisfaction[J]. Clin Psychol Rev, 2009, 29(2)： 1-115.

[85] Ames D R, Kammrath L K, Suppes A, et al. Not so fast： the (not-quite-complete) dissociation between accuracy and confidence in thin-slice impressions[J]. Pers Soc Psychol Bull, 2010, 36(2)：264-277.

[86] Sprecher S, Hendrick S S. Self-Disclosure in Intimate Relationships： Associations with Individual and Relationship Characteristics Over Time[J]. Journal of Social & Clinical Psychology, 2004, 23(6)：857-877.

[87] Alastair P. C. DaviesEmail authorTodd K. ShackelfordR. Glen Hass,When a 「Poach」 Is Not a Poach： Re-Def i ning Human Mate Poaching and Re-Estimating Its Frequency[J]. Archives of Sexual Behavior October 2007, Volume 36, Issue 5, 702-716.

[88] Davies, A. P. C., Shackelford, T. K. &Hass, R. G. Sex diiferences in perceptions of benef i ts and costs of mate poaching. 2010, 49： 441-445.

[89] Schmitt D P, Alcalay L, Jüri Allik, et al. Universal sex differences in the desire for sexual variety： tests from 52 nations, 6 continents, and 13 islands[J]. Journal of Personality and Social Psychology, 2003, 85(1)：85-104.

[90] Brewer G, Hendrie C A. Evidence to Suggest that Copulatory Vocalizations in Women Are Not a Reflexive Consequence of Orgasm[J]. Archives of Sexual Behavior, 2011, 40(3)：559-564.

[91] Depaulo B M, Charlton K, Cooper H, et al. The accuracy-conf i dence correlation in the detection of deception[J]. Personality & Social Psychology Review An Off i cial Journal of the Society for Personality & Social Psychology Inc, 1997, 1(4)：346.

# 參考閱讀

[92] Jones, Warren H Burdette, Marsha Parsons Jones, W. H. & Burdette, M. P. (1994). Betrayal in relationships. In A. L. Weber & J. H. Harvey (eds.), Perspectives on close relationships, 243-262.

[93] Miller M A, Rahe R H. Life changes scaling for the 1990s[J]. Journal of Psychosomatic Research, 1997, 43(3)：0-292.

[94] Amato P R. Reconciling Divergent Perspectives：Judith Wallerstein, Quantitative Family Research, and Children of Divorce[J]. Family Relations, 2010, 52(4)：332-339.

[95] Mccullough M E, Bellah C G, Kilpatrick S D, et al. Vengefulness, Relationships with Forgiveness, Rumination, Well-Being, and the Big Five[J]. Personality & Social Psychology Bulletin, 2001, 27(5)：601-610.

[96] Carlsmith K M, Wilson T, Gilbert D. The Paradoxical Consequences of Revenge[J]. Social Science Electronic Publishing, 2008, 95(6)：1316-1324.

[97] Kachadourian L K, Fincham F, Davila J. The tendency to forgive in dating and married couples：The role of attachment and relationship satisfaction[J]. Personal Relationships, 2004, 11(3)：21.

[98] Fehr R, Gelfand M J, Nag M. The road to forgiveness：A meta-analytic synthesis of its situational and dispositional correlates[J]. Psychological Bulletin, 2010, 136(5)：894-914.

[99] Bono G, Mccullough M E, Root L M. Forgiveness, feeling connected to others, and well-being：two longitudinal studies[J]. Personality & Social Psychology Bulletin, 2008, 34(2)：182.

[100] Luchies L B, Finkel E J, Mcnulty J K, et al. The doormat effect：When forgiving erodes self-respect and self-concept clarity[J]. Journal of Personality and Social Psychology, 2010, 98(5)：734-749.

# 因為愛情太感性，所以需要戀愛心理學：

## 愛情三角形 × 演化心理學 × 依附理論，戀愛其實是一種理性的衝動

作　　者：張曉文

發 行 人：黃振庭

出 版 者：崧燁文化事業有限公司

發 行 者：崧燁文化事業有限公司

E-mail：sonbookservice@gmail.com

粉 絲 頁：https://www.facebook.com/
　　　　　sonbookss/

網　　址：https://sonbook.net/

地　　址：台北市中正區重慶南路一段六十一號八
　　　　　樓 815 室

Rm. 815, 8F., No.61, Sec. 1, Chongqing S. Rd.,
Zhongzheng Dist., Taipei City 100, Taiwan

電　　話：(02)2370-3310

傳　　真：(02) 2388-1990

印　　刷：京峯彩色印刷有限公司（京峰數位）

律師顧問：廣華律師事務所 張珮琦律師

定　　價：320 元

發行日期：2022 年 07 月第一版

◎本書以 POD 印製

**國家圖書館出版品預行編目資料**

因為愛情太感性，所以需要戀愛心
理學：愛情三角形 × 演化心理學
× 依附理論，戀愛其實是一種理性
的衝動 / 張曉文著 . -- 第一版 . --
臺北市：崧燁文化事業有限公司，
2022.07
　面；　公分
POD 版
ISBN 978-626-332-469-5( 平裝 )
1.CST: 戀愛心理學 2.CST: 兩性關
係
544.37014　　　　111009157

電子書購買

臉書